如何帮孩子
预防和疗愈心理创伤

培养自信、快乐和心理韧性强的孩子的实用指南

[美]彼得·莱文　　[美]玛吉·克莱恩 著

王明粤 译

台海出版社

北京市版权局著作合同登记号：图字 01-2025-3011

图书在版编目（CIP）数据

如何帮孩子预防和疗愈心理创伤：培养自信、快乐
和心理韧性强的孩子的实用指南 /（美）彼得·莱文，
（美）玛吉·克莱恩著；王明粤译 . -- 北京：台海出版
社 , 2025. 9. -- ISBN 978-7-5168-4279-9

Ⅰ . R749.940.5-62

中国国家版本馆 CIP数据核字第 2025JV9467号

如何帮孩子预防和疗愈心理创伤：培养自信、快乐和心理韧性强的孩子的实用指南

著　　者：［美］彼得·莱文　玛吉·克莱恩　　译　者：王明粤

责任编辑：赵旭雯

出版发行：台海出版社
地　　址：北京市东城区景山东街 20号　　　　邮政编码：100009
电　　话：010-64041652（发行，邮购）
传　　真：010-84045799（总编室）
网　　址：www.taimeng.org.cn/thcbs/default.htm
E － mail：thcbs@126.com

经　　销：全国各地新华书店
印　　刷：北京兰星球彩色印刷有限公司
本书如有破损、缺页、装订错误，请与本社联系调换

开　　本：880毫米 × 1230毫米　　　　1/32
字　　数：175千字　　　　　　　　印　张：8
版　　次：2025年9月第 1 版　　　　印　次：2025年9月第 1 次印刷
书　　号：ISBN 978-7-5168-4279-9

定　　价：59.80元

目 录

推荐序

人人都需要知道
如何用心理韧性应对心理创伤

当我在郭小森编辑的推荐下见到这本《如何帮孩子预防和疗愈心理创伤：培养自信、快乐和心理韧性强的孩子的实用指南》时，先看了一下目录，然后看了一眼开章的内容，就决定答应来推荐这本书。

只要从事心理学研究，都会遇到心理创伤的现实个案。我研究的犯罪心理学领域就可接触到大量的心理创伤问题。所有的犯罪被害人，只要活着，他们所经历的犯罪侵害一定是一次严重的心理创伤。有时，惩罚犯罪人并不能完全消除这种创伤，他们仍然需要专业、系统的干预和治疗。另一方面，许多看似令人憎恨的犯罪人，当研究他们的犯罪心理时也会发现，他们中有许多人之所以发生犯罪动机，也同样存在着相关的心理创伤。所以，及时发现人的心理创伤、予以干预，可以消除许多潜在的危险。本书开篇讲的"心理创伤是生活的一部分，无法完全避免"，我非常认可。

正因为此，无论是养育或教育孩子的父母，还是教书的同时兼有育人职责的老师，都应该了解哪些人生处于弱势时期的未成年人，在什么情形下容易受到身心的伤害并形成心理创伤。如同疾病一样，及时发现才能及时干预和治疗，由此，在很大程度上减少这种创伤对个体心灵带来的伤害，避免有些受害者进行自杀行为；同时，还可以因为发现和干预，减少有些人因为受伤害后形成的怨恨、愤怒、仇恨等情绪，进而对外部，即对他人或社会产生破坏与危害。

本书的价值不仅在于告诉我们"人生通常容易遇到哪些心理伤害"，最重要的是，本书还大量提到和讨论了心理韧性亦即心理弹性这一话题。如果说，减少心理创伤需要亲人的呵护、朋友的帮助、专业医生的治疗等，那么，还有一种力量也非常重要，那就是如何给成长中的孩子输入一种内在的心理力量，让他们拥有心理韧性用来抗衡外来的侵害；具有心理弹性用来恢复正常的心理功能。这需要更专业性的指导，需要专业知识。本书恰恰提供了这方面的知识。

我认为，本书是所有父母都应该读的书，也是从事教育的老师们应该通读的书。同时，从事心理咨询、心理治疗的专业工作者也可以作为专业参考书。本书虽然专业，但并不枯燥，也不晦涩，既传递了有价值的内容，又通俗易懂。

李玫瑾
2025 年 6 月

前　言

很久很久以前，有一个美丽的王国。

王国的统治者是一位聪明而善良的国王，但他并不快乐。他深爱着8岁的女儿，她聪明漂亮，却拒绝离开皇宫，从未踏出宫门一步。每当她看到狗，甚至只是听到狗叫，便会撕心裂肺地哭泣。

国王为此颁布了一道诏书："国内禁止养狗。"于是，所有的狗都被驱逐出境。然而，公主的恐惧并未减轻，其他孩子却因失去心爱的伙伴而伤心不已。公主依然不肯踏出皇宫，国王无奈之下又颁布了一道诏书："谁能帮助公主离开皇宫，我将分给他一半天下。"

在乡间，住着一位老巫师和一位聪明的女人——彼得·莱文（Peter A. Levine）和他的好友玛吉·克莱恩（Maggie Kline）。他们声称能够扭转局面，国王欣然同意。彼得和玛吉来到皇宫，解释说公主曾遭受心理创伤（4岁时被狗咬伤）。他们运用本书所述的方法和智慧疗愈公主的痛苦。令国王惊喜的是，公主开始慢慢地走出皇宫，甚至很快就提出想养一只小狗。

整个王国欢腾不已，被驱逐的狗得以回家，孩子们又可以与心爱的伙伴玩耍了。公主对那只小狗宠爱有加。国王对彼得和玛吉说："现在，我的一半天下属于你们了。"

彼得和玛吉回答道："我们不需要您的一半天下，我们的内心自有天下。但我们希望与贵国所有的父母聊聊，教他们预防和疗愈孩子的创伤。"国王既惊讶又欣喜："当然可以，你们的愿望马上就可以实现。"事实也的确如此。

自此，这个王国成了幸福的乐土。欺凌、斗殴和恐惧几乎消失殆尽，孩子们都能自由自在地学习。战争和性侵甚至也逐渐在这个国度绝迹，这种美好的局面一直延续到了第二代、第三代和第四代人。

彼得·莱文和玛吉·克莱恩非常了不起，他们通过《如何帮孩子预防和疗愈心理创伤》这本书，为世人献上了一份珍贵的礼物。他们从自己了解和帮助过的儿童身上汲取灵感，设计了诸多体验式练习，并列举了丰富的实例，深入浅出地解析儿童心理创伤。他们对儿童各个成长阶段的理解和共情令人叹服。他们不仅了解孩子，也了解孩子的父母。彼得和玛吉教我们如何理解和尊重孩子的痛苦、快乐和恐惧，从而培养出更快乐、更自信、更有韧性的一代儿童、青少年和成人。

本书是每位家长、教师、教练和童子军带领者的必读之作。它能够帮助我们了解儿童成长的各个阶段，并指导家长更恰当、更敏感地应对每个阶段的问题。这是一部开创性的作品，充满了开创性的洞察力，并取得了开创性的胜利。它传递的常识纯粹而简单，堪称远见卓识。

——米拉·罗滕伯格（Mira Rothenberg）

《有翡翠眼睛的孩子》（*Children with Emerald Eyes*）作者

纽约布鲁克林蓝莓治疗中心（the Blue Berry Treatment Centers）联合创始人

第一章
心理创伤是生活的一部分

坏消息是，心理创伤是生活的一部分，无法完全避免。好消息是，心理韧性同样如此。简而言之，每个人都拥有心理韧性，这是一种从压力、恐惧、无助和打击中恢复的能力。有时，人们会把心理韧性比喻成"弹性十足"的金属弹簧。如果你把弹簧拉开，它会自然恢复原来的大小和形状。当然，如果拉伸次数过多或用力过猛，弹簧最终会失去弹性。

然而，人们（尤其是年轻人）不应该因为生活的磨难而失去韧性。恰恰相反，当我们面对来自生活的压力和困难时，要有能力建立和增强自身的心理韧性。有韧性的孩子往往很勇敢，但这并不代表他们行为鲁莽。与其说他们容易被危险吸引，不如说他们的心态更开放、好奇心更强，对探索世界怀有无限的热情和活力。在探索的过程中，他们难免会跌跌撞撞，遇到一些波折和冲突。

当心理韧性强的孩子遇到问题时，他们会保持开放的心态，而不是选择逃避或封闭自己。实际上，开放正是这类孩子显著的特点之一。他们乐于向其他孩子敞开心扉，分享自己的感受。与此同时，他们也知道该如何守护自己的私人空间和物品不受侵犯。他们尊重自己的情感表达，并善于以得体的方式与外界沟通。最关键的是，当不好的事情发生时，他们似乎拥有一种独特的能力，能够在外界的支持下轻松地渡过难关。他们是那种人人都向往成为的孩子——快乐、活泼、充满生命力。然而，他们面临的最大挑战来自潜在的创伤事件。让我们深入探讨一下，哪些情况会导致儿童产生强烈的创伤反应。

心理创伤可能源于暴力和性骚扰等极端事件，也可能源于日常的"普通"事件。事实上，常见的意外事故、跌倒、医疗程序和离婚等事件都可能导致儿童退缩、失去信心、产生焦虑或患上恐惧症。遭遇心理创伤的儿童可能还会出现行为问题，包括攻击、多动，以及随着年龄的增长出现各种成瘾行为。值得庆幸的是，即使这些创伤事件看起来非常可怕，但如果父母和其他照料者愿意学习必要的技能，就可以识别出儿童是否处于危险之中，并通过精心照顾和指导，帮助处于危险中的儿童避免遭受终身创伤。

父母有时会陷入两难境地：到底该保护孩子，还是允许孩子冒险以培养其自信和能力？这是个棘手的问题，难以平衡。因为即使孩子们对周围的环境非常熟悉，有些意外也避无可避，这时孩子极可能遭遇心理创伤。尽管你试图为孩子建立足够的"保护屏障"，但最终，孩子们还是会在好奇心的驱使下探索世界并受伤。这是他们学习的方式，他们会摔倒、烧伤、触电、被动物咬伤以及遭遇其他不可抗力的自然伤害。无论我们如何努力，都无法将孩子封闭在一个坚不可摧（和无法逃脱）的安全气泡中。

我们的孩子经常会遭遇潜在的创伤事件，但家长不必为此感到绝望，我们完全有可能将上述"日常"情况以及天灾人祸等特殊事件（包括暴力、战争、恐怖事件和性骚扰）的影响降到最低。

我们提出成人可以预防和疗愈孩子的心理创伤，这听起来是否有点荒谬？并非如此。请记住，虽然我们无法完全避免痛苦——心理创伤是生活的一部分，但心理韧性同样如此——我们天生具有复原的能力。

通过本书，你将获得一些实用的工具，最大限度地提升孩子的心理韧性，帮助他们在压力达到极限时恢复平衡。有了这个"抗压秘诀"，父母和其他照料者就能帮助孩子预防和疗愈心理创伤，同时提升孩子的日常抗压能力。这样，孩子才能真正成长为更强大、更有爱心、更快乐、更有同情心的人。

"心理创伤"一词经常出现在杂志和报纸的头条。《奥普拉脱口秀》（The Oprah Winfrey Show）等热门电视节目让数百万观众了解到心理创伤对身体和心灵造成的深远影响。如今，心理创伤对儿童的情绪健康、身体健康、心理发展和行为的重大影响终于得到了应有的重视。自 2001 年 9 月 11 日以来，关于如何应对灾难的信息便如潮水般席卷而来。

尽管如此，关于心理创伤的常见原因、预防和非药物治疗的文章却少之又少，而重点主要放在对各种症状的诊断和药物治疗上。"心理创伤最容易被回避、忽略、轻视、否认、误解以及得不到治疗，给人类带来了诸多痛苦。"[1] 幸运的是，你们（养育和保护儿童的父母、长辈以及其他照料者）有能力预防或减轻心理创伤造成的破坏性影响。

为了更好地帮助孩子，首先，我们需要找到心理创伤的根源；其次，我们需要仔细审视心理创伤的隐喻和表象。只有这样，我们才能理解为何实际的危险已经过去，孩子仍然不堪重负。

通过本书，你将学会如何帮助孩子识别并处理痛苦的情绪，以免孩子承受不必要的困扰。你获得的新知识将帮助孩子们从无意识的反应和情绪中解脱出来，让他们不再感到恐惧，最终从心理创伤以及其他不适感中恢复。本书包含许多真实案例，可以引导你帮助孩子从难以承受的创伤经历中恢复。你将学会如何识别心理创伤，并掌握一些简单的技能，以便在孩子遭遇可怕的意外事件或生活压力事件后减轻或预防其创伤症状。尽管这些基本原则可以作为"情绪急救"手段，供负责任的照料者使用，但在某些情况下，我们强烈建议你带孩子进行专业咨询，本书也将帮助你了解在哪些情况下有必要进行专业咨询。

儿童创伤的真实案例

通过深入了解五位不同的孩子的故事，你会更加明白每个年龄段的儿童都有可能遭遇创伤。有些情境甚至会让你联想到自己的孩子。

---

[1] Peter A. Levine, *Waking the Tiger: Healing Trauma* (Berkeley, CA: North Atlantic Books, 1997).

当你看到以下这些儿童面临的各种困境，你就会了解他们为何会出现各种行为问题。

　　每次家人准备上车时，丽莎都会号啕大哭。

　　15 岁的卡洛斯是一个非常腼腆的男孩，经常逃学。"我不想一直感到害怕，"他说，"我只想过正常人的生活。"

　　每天早上，正在读二年级的萨拉都会准时上学。但是，到了上午 11 点，她就会跑到医务室，声称自己肚子疼，但医生却查不出任何病理问题。

　　柯蒂斯正在读初中，他很受欢迎，脾气也不错。但是，他告诉母亲自己有踢人的冲动。他不知道这种冲动从何而来。两周后，他开始出现攻击性行为，甚至欺负他的弟弟。

　　凯文是一个 3 岁的小男孩，父母为他感到忧心忡忡，因为当他感到紧张时便会出现时而"多动"时而"自闭"的症状。他经常身体僵硬地躺在地板上，假装自己快死了，然后慢慢地苏醒过来，嘴里念叨着："救救我……救救我！"

这些孩子的共同点是什么？他们的症状是如何产生的？随着时间的推移，这些症状会消失，还是会变得更严重？为了找到答案，让我们回到他们第一次出现问题的时候。

　　我们先从丽莎开始。每次家人准备上车的时候，她总是哭得稀里哗啦。丽莎 3 岁的时候，家里的轿车发生了追尾，当时她正坐在安全座椅内，身上绑着安全带。最后，她和开车的妈妈都安然无恙。实际上，轿车几乎没有损伤，这起交通事故被定性为"轻微剐蹭"。没有人把小丽莎的号啕大哭与这起交通事故联系起来，因为在事故发生后，她一直处于应激反应的麻木期，这一时期持续了几个星期。事故发生后，她最初出现的症状是异常安静和食欲不振。当她的胃口恢复后，父母以为她已经"没事"了。然而，她的症状却变成了一靠近自家的轿车便会恐惧地大哭。

丽莎的症状是由一次创伤经历带来的，而卡洛斯的症状则是日积月累形成的。他有一位十几岁大的继兄，继兄的情绪很不稳定，经常对卡洛斯进行身体霸凌，时间长达五年之久，期间没人对此进行干预。父母觉得这是兄弟姐妹之间的正常竞争，并不知道卡洛斯非常畏惧这位继兄。他不敢吭声，生怕父母认为自己不体谅继兄的情绪问题而勃然大怒。他曾试图向母亲表达自己的恐惧，可母亲非但没有重视他的感受，反而要求他更宽容一些。

除了卡洛斯的姐姐，没人看到他的痛苦和困境，但姐姐自己也因家庭动力（the family dynamic）饱受心理困扰。彼时，卡洛斯日夜幻想成为一名职业摔跤手，但他连起床上学的力气和信心都没有，更别说成为高中校队的一员了。直到卡洛斯流露出轻生的念头，他的父母才意识到问题的严重性，终于明白继兄长期的欺凌给卡洛斯造成了严重的情感伤害。

接下来要聊的孩子是萨拉，她快要上二年级了，为此兴奋不已。妈妈带着她疯狂选购上学要穿的新衣服，开心过后，她被告知父母准备离婚，爸爸会在两周内从家里搬出去，这让她始料不及。学校给萨拉带来的喜悦心情突然变成了惶恐和悲伤，她的肚子也开始翻江倒海——难怪她成了医务室的常客。

一天早上，柯蒂斯在等校车的时候目睹了一起飞车枪击案，受害者死在了人行道上。柯蒂斯和同学们在到达学校后都接受了心理咨询，然而，日子一天天过去，柯蒂斯仍然感到焦躁不安。

最后要聊的孩子是凯文。他是通过紧急的剖宫产出生的，出生后24小时内又接受了一次抢救生命的外科手术——他的小肠和直肠天生畸形，需要进行紧急修复。通常，为了延续患者的生命，采取医学手段和进行外科手术是非常必要的。手术成功后，当大家如释重负地进行庆祝时，往往会忽略这样一个现实：手术可能会造成创伤，即使手术伤口已经愈合很久，仍会长期影响当事人的情感和行为。

除了柯蒂斯目睹的飞车枪击案以及凯文出生时经历的大手术，其他孩子的情况并不罕见。事实上，很多孩子身上都发生过类似的情况。尽管孩子们遭遇的事件各不相同，但共同点是他们都经历了强烈的心理冲击，并感到无能为力。这些事件以及他们对事件的理解造成了创伤。我们是如何知道这一点的？答案很简单，每个孩子都以某种方式负重前行，仿佛事件仍在发生。他们被"困"在时间里，创伤事件好像给他们设置了闹铃，时不时地提醒身体做出反应。即使有些孩子已经想不起创伤事件（或者父母没有将症状跟创伤事件联系起来），但他们的日常玩耍、行为和生理不适都表明他们正在与内心的恐惧做斗争。

以上案例介绍了儿童遭受创伤的常见情况，揭示了创伤事件造成的深广影响。本书还会介绍不同年龄段、不同情境的创伤案例，包括常见情境和特殊情境，并给出处置和急救建议。

造成创伤的未必是创伤事件

当强烈的刺激猝不及防地向孩子袭来，创伤就会发生。它会将孩子击倒，改变他们的身心状态，使他们的身体、大脑和思维偏离正常轨道。当孩子的应对机制遭到破坏，他们会感到非常无助，仿佛失去了自己的手脚。持续的恐惧和紧张也可能导致创伤，长期的压力反应会耗尽孩子的能量，损害他们的健康、活力和自信。很明显，卡洛斯长期遭受继兄的霸凌就是这种情况。

创伤与赋能（empowerment）的作用刚好相反。儿童对创伤的易感性受多种因素影响，特别是年龄、早期依恋关系、创伤史和遗传因素。孩子越小越容易受创伤事件影响，而年长一些的孩子或成人则不容易被类似事件影响。人们通常以为，创伤症状的严重程度与创伤事件的严重程度成正比。然而，尽管压力源的大小是很重要的影响因素，但它并不是造成创伤的必然因素。在这里，儿童心理韧性的强度，也就是适应能力至关重要。此外，"创伤的影响不仅限于事件本身，它还对神经系统产生影响"。[1]一次性创伤事件（与持续的忽视和虐待相比）

---

[1] Peter A. Levine, *Waking the Tiger: Healing Trauma* (Berkeley, CA: North Atlantic Books, 1997).

带来的主要是生理性而非心理性影响。

所谓生理性影响，是指面对威胁时没有时间思考，主要反应源自本能。大脑的主要功能是生存，相关神经回路早已形成。创伤性反应源自 2.8 亿年来的人类进化史，已深深地嵌入大脑深处。当大脑的原始结构感知到危险时，会自动激活巨大的能量。例如，当自己的孩子身处险境时，一位母亲的大脑可以释放出大量肾上腺素，使她能够抬起一辆汽车，把孩子从车底救出。我们认识一位女士，她 8 岁时胳膊曾卡进卡车轮胎下，救援人员未能成功地把她救出，直到她的父亲来到现场，凭借强大的、保护性的、像熊一样的能量把她拉了出来。

我们都具备的这种难以估量的生存本能会引起 20 余种生理反应，以便我们进入备战状态，保护自己和所爱之人。这些快速启动的生理反应包括血液从消化器官和皮肤器官流向掌管大运动的肌肉群，呼吸变快变浅，唾液分泌减少；瞳孔放大以提高眼睛收集信息的能力，凝血功能有所提升，语言能力有所下降，肌肉会变得异常兴奋，这也是为什么有些孩子会浑身发抖。相反，有些孩子长期面对严重的威胁或压力，部分肌肉会因恐惧而降低功能，甚至在身体不堪重负的情况下停止运转。

对自我反应的恐惧

当孩子或成年人对内在反应（内心的感觉和情绪）感到不适时，本应发挥的生理优势不仅无法发挥作用，还会引发强烈的恐惧。特别是由于体格、年龄或其他弱势导致个体无法动弹时，恐惧尤为强烈。例如，婴幼儿难以从某种危险或威胁中逃脱，而年长的儿童或成人尽管在一般情况下可以逃脱，但在经历手术、强奸或性骚扰的情况下也会僵住不动，而这并不是有意识的选择。当无法"战或逃"时，生物程序就会陷入僵化或崩溃状态。面对无法避免的威胁，僵化或崩溃是我们最后的手段，是"系统默认"的反应。婴幼儿由于自我保护能力有限，特别容易产生僵化反应，因此更容易遭遇创伤。这就是为什么成人学习情绪急救措施非常重要，这样才能帮助受惊吓的孩子。父母的支持不仅可以帮助孩子逐渐从应激状态抽离，还可以为孩子赋能，甚至让他们重获快乐。

关于僵化反应，我们必须了解的是，尽管身体僵住了，但准备逃跑的生理机制可能仍在高速运转。受到威胁时准备采取行动的肌肉会陷入静止或"休克"状态，这时皮肤会变得苍白，眼神会变得空洞，呼吸会变得又浅又快，时间仿佛停滞。然而，在这种无力的状态下，身体仍蕴藏着巨大的生存能量（vital energy）。这种能量蓄势待发，但年幼的孩子往往难以激活它进行应对，反而会僵住。之后，尽管危险已经过去，但很小的事情就可能再次拉响警报，让身体陷入僵化状态。当这种情况发生时，我们会观察到孩子变得沉闷、郁郁寡欢、烦躁不安、黏人和退缩。

无论孩子充满活力还是陷入僵化，你的指导都至关重要——你可以帮助他们缓解创伤性应激反应，并培养其心理韧性。此外，为了保护自己，幼儿通常不会选择逃跑，而是选择跑向可以保护他们的大人。

因此，为了帮助孩子处理创伤，必须有一位安全的大人给予他们支持。掌握情绪急救技能的父母可以帮助孩子真正地"摆脱困境"，重新自由地呼吸。

随着时间的推移，生存能量和各种生理反应会如何影响孩子？这个问题的答案对于理解创伤的后果至关重要。事情如何发展取决于创伤事件发生时和发生后的情况。关键在于，为了避免遭受创伤和自我保护而调动的生存能量必须"用完"。当能量没有充分释放时，它并不会凭空消失，而是成为一种"身体记忆"，可能会导致创伤症状反复出现。

孩子越小，自我保护的资源就越少。例如，学龄前或小学阶段的孩子无法与凶猛的恶犬搏斗，也无法逃离，而婴儿甚至无法为自己保暖。这时，就需要大人觉察并满足孩子对安全、温暖和安宁的需要，并尊重孩子的边界，给予孩子保护，这对于预防创伤至关重要。此外，大人可以用毛绒玩具、洋娃娃、天使或幻想的角色抚慰孩子，为他们提供舒适安全的氛围。特别是当孩子必须暂时与父母分开时，这些物品能起到安抚作用，甚至能在他们独自睡觉时助其安眠。对大人来说，这些手段看起来可能很可笑，但对年幼的孩子而言，它们能有效地缓解压力。

有些人小时候受到惊吓后曾得到大人类似的抚慰，因此能理解上述方法是一种"常用手段"，认为儿童的需求应该得到关注和满足。然而，从历史上看，儿童的需求虽然没有完全被忽视，但也没有得到应有的重视。发展心理学家丹尼尔·西格尔（Daniel Siegel）在其广受好评的著作《心智成长之谜》（*The Developing Mind*）中，通过一系列神经生物学研究说明了大人为婴幼儿提供保护和包容的重要性。大脑早期通过"塑造"和"修剪"神经元来发展智力、情绪弹性和自我调节（恢复平衡）的能力，这一过程发生在儿童与照顾者面对面的互动中。当创伤事件发生时，大脑神经元的连接会显著增强。因此，当人们学习和练习我们提供的情绪急救工具时，他们也在为孩子的大脑和行为的健康发展做出贡献。

修复创伤的科学方法

创伤症状如何发展，与儿童僵化的程度以及最初用于"战或逃"的生存能量剩余多少有关。当"战或逃"这种自我保护机制失效时，儿童需要得到持续、耐心的支持，以释放高度紧张的压力，恢复健康、灵活的状态。不要再认为婴幼儿"太小，不会受到不良事件的影响"，也不要觉得"没事的，他们不会记得"。我们对早产儿、新生儿和其他婴儿的研究表明，事实并非如此。由于神经系统、肌肉系统和知觉系统尚未发育完善，他们遭遇压力和创伤的风险反而更高。有些孩子虽然年龄较大，但由于身体存在永久性或暂时性残疾（如因受伤而使用夹板、支架或石膏，或因脑瘫、先天畸形或发育迟缓而导致行动受限），对创伤的易感性也较高。

身体不会忘记：脑科学告诉了我们什么

为什么危险已经过去，我们仍不得安宁？为什么在没有得到及时帮助的情况下，焦虑和闪回会反复出现，难以摆脱？

备受赞誉的神经生物学家安东尼奥·达马西奥（Antonio Damasio）在其著作《笛卡尔的错误》（*Descartes' Error*）和《感受发生的一切》（*The Feeling of What Happens*）中提到，大脑结构中确实存在情绪图谱，这是人类为了生存而在进化过程中形成的[①]。例如，恐惧情绪在大脑中形成了特定的神经回路，并与身体各部位的感觉器官相连。当我们看到、听到、闻到或尝到的东西带来的感觉与之前遇到危险时的身体感觉相似时，恐惧和无助的情绪就会再次被唤起，当初遇到危险时的反应也会重演。最初，恐惧情绪的产生是为了帮助身体迅速地实施"战或逃"的行动计划，帮助我们快速地摆脱危险。然而，远古的记忆早已深深地印刻在大脑中，即使现在没有意识层面的记忆，只有相同的身体反应，也会触发类似的恐惧反应：心率加快或下降、大汗淋漓、身体高度紧张甚至产生疼痛感。这些体验过于真实，以至于大脑误将身体的反应视作当初的危险再次来临。遗憾的是，在父母眼里，孩子的这些行为和情绪却显得莫名其妙，难以用常理解释。

[①] Antonio R. Damasio, *The Feeling of What Happens: Body and Emotion in the Making of Consciousness* (New York: Harcourt, Inc., 1999).

心理韧性的巨大好处

我们在前面提到过，儿童是继续活在痛苦中，还是适应良好并得以恢复，取决于创伤事件发生时和发生后的情况。你已经了解到，儿童在遭遇危险时会激活大量的生存能量，尝试进行自我保护，而在失败后，这些剩余的能量必须被充分利用直至消耗殆尽。当这些紧急调用的能量没有被充分利用和消耗时，它们并不会凭空消失，而是会引发各种麻烦的症状。你很快就会在亨利的故事中看到这一点。你还会看到，在消耗完焦虑能量后，亨利对某种食物或声音的反感、厌恶和回避消失了，并在父母的支持下恢复了往日的快乐。你在本书中学到的技巧正是亨利的父母使用的。如果你的孩子有过可怕的经历并为此感到忧虑、紧张或极度恐惧，你可以用这些技巧来帮助她。

亨利的故事

4岁的亨利以前最喜欢吃花生酱、果冻和牛奶，但现在，他对这些食物非常抗拒，这让他的妈妈忧心忡忡。妈妈把这些食物放在亨利面前时，他会变得激动、身体僵直，并把食物推开。更令人不安的是，听到家里的狗叫声他都会浑身颤抖和大哭。妈妈无论如何也想不到，亨利的"挑食"和对狗吠声的恐惧居然与一件"再普通不过"的事情有关。那是一年前，当时亨利还在使用高脚儿童餐椅。

那天，亨利坐在餐椅上，享用着他最喜欢的食物——花生酱、果冻和牛奶。当牛奶只剩一半时，他神气地举起杯子，让妈妈添牛奶。

然而，亨利没有抓稳杯子，杯子掉到了地上，哗啦一声碎了。这吓到了旁边的狗，接着狗撞翻了儿童餐椅，导致亨利倒在地上，头撞到了地板，躺在地上喘不过气来。妈妈尖叫起来，狗也大声吠叫。妈妈对亨利的问题摸不着头脑。然而，从创伤的角度来看，亨利将喝牛奶、吃花生酱、狗叫声和摔倒联系在一起，形成了巴甫洛夫式的经典条件反射，使他对喜欢的食物产生了恐惧和厌恶。

亨利开始"练习"有控制地倒在枕头上（具体方法本书后面会介绍）。当他逐渐顺应重力的作用倒在枕头上时，他慢慢地学会了放松之前紧绷的肌肉。在此之前，他完全不吃那几样食物，社区里的狗叫声也让他睡不着觉。庆幸的是，玩了几轮这样的游戏后，他开始重新享用自己喜欢的食物，也能开心地对着狗学狗叫了。换言之，在这些安全的"摔倒练习"中，亨利逐渐消耗完了防御失败后剩余的能量。在父母的帮助和保护下，他掌握了平衡，把原来的恐惧转化为了喜悦。

第二章

如何培养孩子的心理韧性

为了培养孩子从打击中恢复的能力，家长需要学习和练习几种关键技能。本章提供了多种练习，旨在调动你和孩子身体内蕴藏的丰富的感官能力，为你的家庭带来乐趣和生机。此外，本章还将指导家长和孩子学习"新"领域中的"新"词汇——感觉语言。感觉语言与大脑深处相连——我们称之为躯体—大脑（body-brain）。通过练习，你将更擅长捕捉相关的内部信号和提示。这些信号和提示源自本能，掌握相关技能可以在无意识和有意识的行动之间搭建一座桥梁。当你对孩子的问题感到束手无策时，练习后获得的感觉知识经验将为你提供帮助，同时还能让你保持心平气和，避免心烦意乱。在本章，你将学习如何与孩子同频，适应他们的需求，并通过观察、倾听和共情来提升你的观察能力。

为遭受打击的孩子提供适当的帮助

为了预防或减少创伤对孩子的影响，缓解孩子的压力，最重要的是，家长不要因为孩子的遭遇而惊慌失措——尽管这并不容易做到。无论如何，孩子本质上既脆弱又自带心理韧性。令人欣慰的是，在适当的支持下，他们通常可以从压力事件中恢复。事实上，当孩子们开始战胜生活中的打击和挫折时，他们会成长为更有能力、更有弹性和更有活力的人。这种自愈能力是与生俱来的，所以大人只需激发孩子的自愈能力即可。大人在某些方面很像创可贴或夹板，这两样东西都不能治愈伤口，但可以在伤口自愈时提供支持和保护。本章提供的建议、练习和指南将帮助你成为孩子的"创可贴"。

在孩子出现状况时，大人保持冷静至关重要，这一点再怎么强调都不为过。当孩子受到伤害或惊吓时，大人感到震惊或慌乱是正常的。出于恐惧和保护孩子的本能，大人可能会在第一时间感到恐惧或愤怒，但这会加剧孩子的恐惧。我们的目标是减少而不是增加孩子的消极情绪，如害怕、羞耻、尴尬和内疚等。最好的做法是先关注自己的反应，给自己一点时间让身体稳定下来，而不是急于责骂或冲向孩子（除非孩子的情况非常危急）。一些成年来访者在咨询中提到，儿时经历的事件中，最让他们害怕的往往是大人的恐惧反应。大人的面部表情就像"晴雨表"，儿童会根据"晴雨表"的变化判断危险或伤害的严重程度。

培养孩子心理韧性的简单步骤

大人要想保持冷静，就需要不断练习，这样才能熟能生巧。下面提供的体验式练习将帮助你快速、自然地恢复平静，并逐渐提升你的调节能力，使你在压力状况下也能保持优雅。一旦你的身体学会"能收"（聚集能量／紧张／恐惧）也"能放"（释放能量／放松／安全），你的神经系统将变得更有弹性，能够承受生活中的起起落落——你就像一棵高高的竹子或纤细的柳树，可以弯到地上，即使遇到季风也不会折断。当你的身体掌握这一本领后，你的行为将成为一种良性示范，通过肢体语言、面部表情和语音语调传递给孩子。你的神经系统将直接与孩子的神经系统连接。这样，我们才能与孩子建立真正的沟通！对孩子影响最大的并不是我们的话语，而是我们的非言语线索，这些线索可以带给孩子安全和信任的感觉。在试图调整孩子的感觉、节奏和情绪之前先学会自我调整，你的平静就会被他们吸收。

自我调整的第一步是明白舒服的体验和不适的体验都很重要，我们要学会忍受并逐渐与它们做朋友，完成这一步对心理韧性的培养至关重要。这些深层体验经常被忽略，但正是它们塑造了我们的核心自我。正是通过呼吸和感觉，我们才能感知到自我，并且帮助我们的孩子感知到他们的自我。

当我们探索身体感觉时，一开始可能会觉得难以保持专注，但越做越简单。不愉快的感觉总会过去，重要的是忍受的时间要足够长，直到感觉发生改变。此外，能够体验到更多的快乐和喜悦也很重要。当你进行练习时，你的身体将能够容纳更多的感觉和情绪，而不仅仅是压力和崩溃。当大人能够自在地驾驭自己的情绪和情感，自然会成为孩子正确地表达情绪的榜样。

用平静的心态陪伴孩子

如果你无法在紧急情况下做到四平八稳，不要对自己感到失望。在现代社会，父母需要承受来自家庭和事业的双重压力，更别提那些尚未解决的个人问题和创伤。在紧急情况下保持冷静和灵活对任何人来说都是一大挑战。当蹒跚学步的孩子像杂技演员一样从楼梯上跳下或穿过玻璃窗时，哪位父母还能保持冷静？

然而，为了在处理家庭灾难和日常育儿中变得更有弹性和更有效率，我们需要了解自己在面对危险和压力时的本能反应。当宝宝哭闹时，当孩子用棍子戳自己的眼睛时，你是如何保持冷静的？当你害怕或紧张时，你和孩子的"躯体—大脑"发生了什么？让我们从这里开始。

躯体 — 大脑的运转机制

人脑是一个"三合一脑"（triune brain），由三种物理脑系统组成，分管不同的功能。在理想状态下，这三套系统可以和谐运转。大脑的新皮层负责复杂的思维技能，如问题解决、计划和感知，以及社会功能，被称为"大脑皮层系统"；中脑和边缘系统处理记忆和感觉，被称为"情绪脑系统"[①]；"原始"脑主要负责与基本生存相关的功能和调节机制，例如心率和呼吸，被称为"网状脑系统"。它也主管神经系统的工作，通过与感知觉系统互动，帮助我们摆脱危险。原始脑组成了"躯体 –

[①] Joseph E. LeDoux, *The Emotional Brain: Mysterious Underpinnings of Emotional Life* (New York: Simon and Schuster, 1998).

大脑"的基本结构。

这三套系统各有其特定的功能，使用的"语言"各不相同。主管思考的系统用语言说话，而主管情绪的系统用情绪语言说话，例如愤怒、悲伤、喜悦、厌恶和害怕等。年幼的孩子很容易给情绪贴上疯狂、悲伤、高兴、害怕、厌恶等标签。与"大脑皮层系统"和"情绪脑系统"不同，"网状脑系统"使用的是难以命名、人们不太熟悉但非常重要的感觉语言。

对很多人来说，感觉语言就像一门外语。无论你是否意识到，你的内心都存在一个感觉的世界。幸运的是，稍加练习便可以掌握这门语言。掌握感觉语言，就像在国外旅行时掌握基本的生存短语一样重要，它可以帮助你从崩溃和压力中恢复。为了帮助你的孩子，先了解自己的内心世界非常重要。你需要花一些时间，从容且专注地关注身体的感觉，包括感受皮肤的压力和温度，体会肌肉的紧张、收缩或扩张，以及战栗、刺痛或炙热的感觉。这是危险或意外发生时"网状脑系统"使用的语言，它的关注点并不日常，因此很多人不太习惯。这些线索一开始可能难以被觉察、比较隐晦且陌生，因为我们更习惯于依赖语言、思维和情绪提供的反馈。

"网状脑系统"保证了我们的生存和体内平衡，因此，与这种深层的本能意识建立联系才是明智之举。这样做不需要复杂的设备或高昂的成本，只需要时间、专注力和明确的目标。通过一些安静、专注的练习，可以很容易地掌握这门特殊的感觉语言。以下是几个可以帮助你"感觉"一下的练习。记住，"网状脑系统"并不使用语言，你不可能仅仅通过阅读关于它的文章就掌握它——必须通过不断的练习！

有趣的是,当我们越像动物一样感知本能感觉时,我们就越像完整的人。

熟悉自己的身体感觉

虽然孩子因为年纪太小或过于害怕而无法用语言表达自己的感受,但他们和你一样知道强烈的震惊和沮丧是什么感觉。这是一种来自内心深处的无法忽视的恐惧,伴随着胃部不适、心跳加速、胸口发闷、喉咙发紧的感觉。听听新闻中的灾难幸存者或事故目击者是如何描述他们的感受的:"我不知道如何形容。""感觉好冷。""我好像被风吹倒了一样。""我觉得整个人都麻了。""我的心还在跳,但我一步也走不了。""我的腿像灌了铅一样。"

花点时间回想一下你自己的经历。当遭遇令人沮丧的事情时,你能想起当时的感觉吗?你的心跳是否加速了?有没有感到晕头转向?你的喉咙是否发紧?有没有感到反胃?当危险结束时,你的感觉是如何逐渐发生变化的?你有没有留意到呼吸变得舒畅了?有没有发现当肌肉开始放松时,会感到酸痛或抖动?

练习:身体感觉扫描

让我们做一个简单的练习,帮助你加深对身体的觉知。

找一个舒服的地方坐下,花点时间感受一下你的身体,留意你的呼吸。你觉得舒服还是难受?身体的哪个部位感觉比较舒服？你注意到了什么？能感觉到心脏的跳动吗？能感觉到自己的呼吸吗？能感受到肌肉的紧张或放松吗？皮肤的温度如何？有没有哪里感到刺痛？如果你觉得可以继续，请试试下面这个简单的练习：

想象一下，这是一个令人愉快的夏日，你开车带着孩子们去海滩。车里播放着你最喜欢的歌曲，家人们跟着你一起哼唱。你不赶时间，因为今天是假日。你喜欢在水边，因为孩子们会去上游泳课，所以接下来的整整一个小时，你都可以自由自在地做自己想做的事情，没有任何负担。在继续阅读下一段文字之前，花一分钟留意一下你现在的感受，注意身体各个部位的感觉，比如腹部、四肢、呼吸、肌肉和皮肤。当你想象在沙滩上享受美好时光时，心里有什么想法或画面？

（注意：在这里暂停一两分钟，给自己足够的时间去觉察身体的感觉。做好准备后，继续进行第二部分的冥想练习。）

突然，不知从哪儿冒出一个飙车族，极速地超了你的车，差点造成车祸。而且，那位司机非常粗鲁，当着孩子们的面对你脏话连篇，似乎是你差点导致了事故的发生。此刻，与第一部分的练习相比，你的身体和心理发生了什么变化？这些不同的变化体现在哪里？你感觉到温暖、炎热还是寒冷？有没有感到身体的某处很紧张？肌肉是否紧绷？留意自己心跳和呼吸的变化。此刻，你特别想做或想说什么？还是完全惊呆了？

回答没有对错之分，毕竟，每个人都有自己的反应方式。你可能吓坏了，肩膀、手臂和手全部绷紧，下意识地想要打方向盘；或者你呆若木鸡，头脑一片空白；当你想象那位司机在辱骂你时，你可能会感到恼火，这时你感觉身体的哪个部位特别受刺激？是什么样的感觉？当你准备还击时，你可能会发现上半身的肌肉在收紧；或者话到嘴边却说不出来，如鲠在喉。当你对身体进行扫描，感受自己在此刻的反应和感觉时，你正在体验自己最基本的生存本能。

上述练习激活了你的生存能量，接下来花一点时间让自己平静下来。想象一个封闭的玻璃容器，里面是一幅冬天的景象。你轻轻地摇动瓶子扬起里面的雪花，看起来仿佛在下雪。记住，雪花需要一段时间才会慢慢地落到地上，在此之前不要再摇动瓶子，只需耐心地等待所有雪花落尽后，"雪"自然停止即可。你要恢复平静也是一样，再次激动起来毫无帮助。相反，你需要保持平心静气一段时间，等待"雪花"落尽。你可以扫视一下房间，这会帮助你回到现实，清楚自己是安全的——刚才发生的一切只是练习，并非真实。继续保持平静，将双脚平放在地板上，这会让你感觉安稳。接着，将注意力放在能让你感觉舒服的东西上，比如一朵花、房间的颜色、窗外的树木或天空、一张照片，或者你的心爱之物。留意此刻身体的感受。

这个简单的练习是为了帮助你了解，感觉语言其实离我们并不遥远。当人们围坐在餐桌旁，饱餐一顿后会有满足或腹胀的感觉；喝完一杯热巧克力后会有温暖和舒畅的感觉。然而，当人们分享感受时，使用的通常都是情绪语言，比如快乐、暴躁、疯狂、兴奋或悲伤。虽然一开始练习感觉语言可能会让你觉得有些奇怪，但你越多地感知身体"心情"的起起伏伏，你的直觉、本能和信心就会变得越强。你可能还不知道，基本的幸福感其实源自身体的自我调节能力。当身体状况逐渐失控时，你的情绪也会受到影响。通过以上练习获得控制感，意味着你对内在发生的事情保持开放的心态。你能够意识到感觉是如何发生变化的，也知道如何处理不愉快的感觉，不让它持续下去造成痛苦。因此，你的自我调节能力得到了提升。

与孩子一起学习"感觉词汇"

学习任何一门语言，拓展和练习新词汇都非常重要。心理韧性的词汇就是感觉，因此建立"感觉词汇库"是培养心理韧性的关键。我们提供了一些词汇帮助你开始学习。为了保持平衡，请记得将这些词汇进行标注，把愉悦、中性还有不适的词汇区分开来。你可以和孩子一起制作这份清单，当你们能够识别内心世界中那些奇怪的感觉并为之命名时，清单里的词汇将会不断增加，你和孩子都会感到非常开心。

感觉词汇库

冷 / 暖 / 热 / 寒

抽搐 / 抖动

敏锐 / 迟钝 / 刺痛

颤抖 / 战栗 / 激动

硬的 / 软的 / 黏稠的

紧张 / 僵直 / 虚弱

放松 / 平静 / 平和

空的 / 满的 / 干的 / 湿的

流动的 / 扩散的

强硬 / 紧绷 / 紧张

头晕 / 迷糊 / 睡眼惺忪

麻木 / 易怒 / 不安

轻微疼痛 / 撕心裂肺 / 起鸡皮疙瘩

轻 / 重 / 开放

痒 / 凉爽 / 柔和

静止 / 湿冷 / 松弛

注意，感觉和情绪是不同的。感觉描述的是身体的外在感受，即使还不会说话的孩子也能指出颤抖或发麻的身体部位，或者告诉大人哪里有点疼。

在愉悦和不适、情绪和画面之间摆荡

彼得·莱文博士开发的体感疗法（Somatic Experience）旨在预防和疗愈创伤。在这个疗法中，"摆荡"（pendulation）指的是身体收缩和扩张的自然节奏。了解和体验这一节奏非常重要，因为一旦熟悉并掌握了它，无论我们在收缩阶段感觉多么糟糕，都会清楚地知道扩张一定会随之而来，并带来如释重负的感觉。有一种简单的方法可以帮助你找到身体的自然节奏：当你吸气和呼气时，留意肺部和腹部的压力，感受气流的排出和充盈。空气在鼻腔、喉咙、胸腔和腹部流动时是否顺畅？吸气和呼气是否均匀？用时是否一短一长？吸气和呼气前是否有停顿？停顿的感觉如何？当你呼吸时，肌肉是紧张还是放松？

摆荡不仅仅是呼吸的扩张和收缩，它涵盖了所有的身体节奏。我们的内部状态会在舒服和不舒服的感觉、情绪和画面之间来回摆荡，每个时刻的体验都不尽相同。当不舒服的感受一直不消失时，压力和创伤就会随之而来。如果我们被这些感受打败，陷入绝望的循环，摆荡就会变得困难。这时，我们需要一些外力，让摆荡继续运转起来。如果这种自然的摆荡过程终止了，我们必须想办法进行恢复，因为调节情绪、活力和健康的机制都依赖这一过程的正常运转。当一紧一松的节奏重新建立时，至少会在舒服和不适之间达成平衡。无论我们的感觉多么糟糕，如果你知道它是可以改变的，就能将你从无助和无望中拯救出来。帮助你的孩子学会摆荡这一自然的节奏，就是在帮他奠定自信的坚实基础。

练习：探索感觉和摆荡的节奏

注意：最好有一位同伴为你读出下面的文字，语速要慢，该停的时候多停一会儿，这样你就可以更好地理解和思考。你也可以把文字录下来，自己一个人听或者和别人一起听。无论你选择哪种方式，请始终保持好奇，加深对感觉和摆荡的自然节奏的觉知。

请你舒服地坐在椅子上，感受身体与椅子接触的地方，留意椅子是如何支撑你的背部和臀部的。花足够的时间让自己在椅子上安坐下来。注意你的呼吸。你现在整体感觉如何？当你慢慢地跟随下面的故事时，花点时间留意你的感觉、想法、情绪以及脑海中浮现的画面。有些画面可能比较模糊，有些则非常清晰。你花的时间和注意力越多，你的意识就会变得越来越清晰。但注意不要练习过度，时间要控制在 10~15 分钟以内。

想象一下，今天是你的生日———一个非常特别的日子，但你感到有些孤独。你不想孤零零地一个人待着，于是决定去看一场电影。你准备动身，但在伸手掏钱包时，你有一种不好的预感：你的钱包可能不见了。此刻，你有什么感觉？花点时间留意一下身体和头脑里的感受、感觉和想法。

如果你感到担忧，那是什么感觉？身体哪个部位的感觉最明显？最容易产生感觉的部位有肠胃、胸部、喉咙、颈部和四肢。你是否感到紧绷或下坠？感到恶心吗？手上的温度有没有变化？摸起来有汗吗？是暖的还是凉的？身体的哪个部位在颤抖？注意，当你关注这些感觉时，它们可能会发生变化。你的感觉减弱了还是增强了？紧绷感消失了吗？还是变成了其他感觉？这些感觉转移了，还是停留在某个部位？

当你冷静下来时，可能会想："哦，也许我把钱包落在另一个房间了。"想象一下，你走到那个房间寻找钱包。你还搜寻了可能落下钱包的其他地方，但没有找到，你开始有点抓狂。请再一次把注意力放在自己身上，花点时间去留意你的身体感觉、情绪和想法。

现在，你放慢了速度，你的思路因此变得清晰了。你开始有条不紊地寻找钱包。它会在抽屉里吗？也许我进门时放在桌子上了……但我接着去了浴室……（你思索了一下）……有没有被我落在浴室里？还是落在超市了？（停下来留意一下自己的感觉。）然而，当你寻找钱包时，电话铃声打断了你。你拿起电话，原来是你的朋友，她告诉你钱包落在她家里了。你松了一口气。当你想起之前抓狂的样子，请感受一下你现在的微笑。

（在这里停久一些，允许你的感觉发酵，留意它是如何变化的，然后再继续。）

你的朋友说她马上要出门，但如果你现在就过去取钱包，她会等你。于是，你快步向她家走去。当你快步走动时，感受一下腿部的力量。你到达朋友家的门前，敲了敲门，但无人应答。你再次敲门，还是无人应答。你开始认为自己一定是跟她擦肩而过了。你感到有点烦躁。毕竟她答应过会等你，你已经尽力赶到她家，但她却不在。你感觉身体的哪个部位显得烦躁不安？这是什么感觉？不用着急，像之前一样留意你的感觉。你是如何觉察到自己的烦躁的？还有哪些部位让你感到烦躁？这是什么感觉？

这时，从房子后面传来朋友低沉的声音——她让你进去。你打开门，房子里面很黑。你在黑暗中摸索着前进，慢慢地穿过过道。当你笨手笨脚地走到房子里面时，留意一下身体的感觉。你再次喊朋友的名字，但被一群人的欢呼声打断了——"生日快乐！"

此时此刻，当你意识到这是朋友为了让你感到惊喜而为你准备的生日派对时，你的身体是什么感觉？再次花点时间留意你的感觉、情绪和想法。

以上练习是为了让你熟悉各种各样的感觉，例如沮丧、期待、放松、冲突和惊讶等。如果你能留意到不同的情绪状态，并能自如地在愉快和不快之间来回转换，你自然能明白"摆荡"是什么感觉。

这个充满转折的想象过程激活了我们的神经系统。在遇到惊喜时，身体会产生良好的感觉；而在遇到可怕的惊吓时，难受的感觉会让你卡住，好的感觉随之消退，无助感随之而来。当你有意识地体验各种感觉时，就能流畅地从一种状态进入另一种状态。记住，无论感觉多么糟糕，都不是最后的结局。正是从固定到流动的过程，让我们变得更有韧性和自我意识，最终摆脱了创伤的控制。

能感受到内心的流动是一种理想状态。如果你能做到这一点，说明你在学习相关技能的道路上走得很顺利，这些技能将帮助你引导孩子自如地转换情绪状态。但如果你被"困"在某些不愉快的感觉、情绪、想法或让你难受的画面中，不妨花点时间环顾四周，起来走走，把注意力放在让你感觉良好的物品、运动、人、宠物或自然风光上。如果你觉得自己的情绪有所好转，花点时间去觉察一下你是如何知道它变好的，身体的哪些部位让你感觉它变好了。摸摸之前被"困"时身体有感觉的部位，留意一下现在是什么感觉。

练习：与同伴一起追踪感觉

当有人在身边，即使他只是安静地陪伴着你，也可以帮助你专注于内在的感觉。选择一个让你感觉舒服的人，和他面对面坐着。这个练习的目的是在他人的安静陪伴下"追踪"感觉。简单来说，这意味着对当下的感觉有觉知能力，同时也能留意到感觉每时每刻的变化。

首先，花点时间回想昨天发生的事情，有没有让你感觉良好或难受的事情？如果你什么都记不起来，可以试着感受一下准备做这个练习时的感觉。当画面、想法和情绪来了又去时，记住它们，并思考它们对你不断变化的感觉有何影响。同伴的任务是与你一起追踪这些感觉。他会帮助你进一步明确感觉的细节，偶尔根据你的节奏提出温和的问题，帮助你往前推进。例如："当你感觉……接下来会发生什么？"追踪 10~15 分钟后，找一个合适的节点停下来，稍做休息后，彼此交换任务。现在轮到你帮助同伴追踪感觉。先通过安静的陪伴营造一种安全的氛围，偶尔用合适的问题帮助他进一步明确感觉的细节，例如："你身体的哪个部位有这种感觉？……你还留意到什么？"做完练习后，你们一定要进行交流，分享各自的发现。

建议：在开始练习之前，先和同伴一起学习"感觉语言提问库"。这会帮助你只问那些能够激发大脑本能的问题，而不是让对方陷入思考、计划、分析和判断中。同时，不要问"为什么"，理由同上。

感觉语言提问库

与封闭式问题相比，开放式问题更适合躯体 - 大脑做出反应。开放式问题能引发好奇心，这意味着启动的是感觉而不是思考。开放式问题不能简单地用"是"或"否"来回答，否则就进入了沟通的死胡同。例如，"你留意到身体有什么变化"是开放式问题，你可以不拘一格地回答，答案各不相同。而"你是否感到紧张"则是封闭式问题，这种问题逼着我们去思考而不是去感觉，然后给出"是"或"否"的回答。

下面列出了一些开放式问题的示例，当你和同伴练习追踪感觉时可以有选择地使用，它们可以帮助你提高专注力和避免陷入僵局。但为了获得最佳效果，最好不要频繁地使用，而且，每次使用后要留出足够的时间让对方安静地感受。这是发展感觉意识的关键，正是在"安静的等待"中，身体为我们提供了答案。

开放式问题

· 现在你留意到身体有什么感觉？

· 身体的哪个部位出现了以上感觉？

· 你现在感觉如何？

· 当你留意到这种感觉时，接下来会发生什么？

· 它是如何变化的？

邀请式问题

· 你还留意到什么？

· 你想探索一下你的身体想要怎么动吗？

· 你想深入探索一下这种感觉，并且对接下来发生的事情保持好奇吗？

用细节探索感觉，提升专注力

· 这种感觉有什么特点？

· 它的大小如何？形状如何？是什么颜色的？重量如何？

· 它会蔓延吗？注意它发展的方向。

· 它们（压力、疼痛、温暖等）是自内向外传递的，还是自外向内传递的？

· 它的中心在哪里？边界又在哪里？（这种感觉是从哪里开始和结束的？）

拓展对感觉的认识

· 当你有这种感觉时，身体的其他部位会发生什么？

· 当你感觉到身体的某个部位有这种感觉时，它是如何影响你的？

了解感觉的变化

· 接下来会发生什么（即使对方感觉被"卡住"了）？

· 当你追踪那种感觉时，它去了哪里？它是如何变化的？

· 它会转移到哪里（或者：如果可以的话，它想移动到哪里）？

品味和加深感觉

· 只要你喜欢，尽情享受那种感觉（温暖的、空荡的、刺激的等），多久都可以。

练习：制作身体感觉的宝库

感觉意识是儿童发展的重要组成部分。感觉意识的培养不仅可以提升智力和自我意识，还可以为家庭增添乐趣。下面介绍两个你的孩子可以进行触觉、味觉和嗅觉实验的简单活动。当然，你自己也可以通过视觉和声音进行探索。好了，请关上电视和停止电子游戏，让我们开始吧！你只需要拿出纸和笔，在实验结束后进行记录即可。

活动1

（1）找一个空盒子、罐子或袋子。

（2）选择质地明显不同的物品，如羽毛、砂纸、棉球、滑溜溜的玩具、一块绸缎或真丝布料、钢丝球以及各种形状、大小和纹理的石头等，并将它们藏进准备好的空盒子、罐子或袋子里。

（3）让孩子闭上或者蒙上眼睛拿起一个物品，试着根据物品带给他的感觉猜一猜它是什么（这也是一个有趣的派对游戏，可以在生日或其他聚会上玩）。

（4）当所有的物品都被识别出来后，让孩子摸一摸每件物品，并说一说它给皮肤带来了什么感觉（痒痒的、粗糙的、凉凉的、重重的等）。

（5）接着让孩子比较一下石头的重量，当孩子手上拿着非常轻、一般轻、比较重、非常重的石头时，让他留意一下肌肉的感觉如何。

（6）当孩子拿着滑溜溜的、柔软的或其他质地的物品时，让他留意一下有什么不同的感觉，身体的哪些部位感觉不同？是手臂、肚子、皮肤还是喉咙？

（7）交换角色，让孩子问问你的感觉，然后和孩子的感觉进行比较。

（8）根据孩子的描述制作一张感觉清单。

活动2

（1）让我们用味觉小杯子代替盒子继续玩上面的游戏。往小杯子里装上甜、咸、苦、辣、酸、脆、软等不同口味和质感的食物。

（2）蒙上孩子的眼睛，让孩子识别不同的食物。为了避免前面的食物带来的味觉干扰，在每一次试吃中间，你可以让孩子吃一块饼干。

（3）当孩子品尝每种食物时，让他告诉你食物的质地（膏状的、坚硬的、滑滑的、黏黏的等）如何，味道和气味如何。

（4）询问孩子每种食物给他的舌头带来的感觉（刺激的、辣辣的、冰冷的、滑滑的、干干的、松软的、卷曲的、麻麻的、热热的等）。

（5）重复"活动1"中的第6步和第7步，把触觉换成味觉和嗅觉。

（8）根据孩子的描述制作一张感觉清单。

　　以上活动可以帮助你和家人熟悉自己的身体感觉，做到未雨绸缪。如此一来，在紧急情况发生之前，你和孩子都能清楚地了解自己在各种情况下的身体感觉。你们还可以一起扩充"感觉词汇库"。虽然上述练习并不难，但就像学习其他新技能一样，仍然需要坚持不懈。请训练自己去留意每时每刻的感受，尤其是在遇到令人难受的事情时，更要花点时间进行练习。而且，通过这种能够加深内在觉知的练习，你几乎可以在任何情况下为孩子提供帮助。此外，在日常生活中，它也能帮你为突如其来的打击和压力做好准备。请记住，无论你多大，"拥有快乐的童年永远都不晚"。

伤害不会永远存在

　　如果已经做过这些练习，你就会意识到，随着时间的推移、安全感和意识的提高，不愉快的感觉确实会改变。令人崩溃的事情是无法避免的，坏事总会发生，这是生活中的一个事实。然而，创伤是可以预防和转化的，并非一成不变。只有当转化过程没有完成时，身体的一系列反应才会演变为创伤。记住，只要有可能，这一过程就会自然完成，不需要太多人为的干预。

　　这些练习的最终目的，是帮助你引导孩子学会感受、接纳和转化身体的感觉。当孩子的身体能够以这种方式恢复平衡时，自然会变得更有韧性。当孩子经历可怕的事情时，可能会一蹶不振。然而，当孩子成功地走出恐惧和僵化，重新回归生活时，他会获得一种特别的自信——他拥有了新发现的心理韧性和技能。

手把手教你进行创伤急救

如果你已经完成了前面的所有练习，说明你已经做好准备学习急救技能，以便在孩子遭遇危险、恐惧或痛苦时帮助他们。创伤预防措施包括协助孩子"释放"在意外发生时激活的生存能量，整个过程包括八个步骤，学起来很简单。请按照以下顺序进行操作，前七个步骤教你如何帮助孩子把身体从恐惧、震惊和僵化中恢复过来，第八个步骤教你如何帮助孩子恢复情绪、有条理地梳理整件事情，最后一步是帮助孩子从糟糕的事件中抽离。当你把孩子带到一个安全、安静的环境时，就可以开始实施以下八个步骤。

步骤一：检查自己的身体反应

花点时间，留意一下自己有多害怕或担忧。接着深深地吸一口气，当你缓慢地呼气时，感受身体的感觉。如果你仍然感到不适，请重复以上吸气和呼气的步骤，直到你感到内心安定。感受你的脚、脚踝和大腿，留意它们是如何与地面连接的。记住，你拥有的任何多余的能量都可以帮助你保持专注，迎接眼前的挑战。不要觉得这是在浪费时间，花些时间恢复平静是值得的，因为这不仅能提高你照顾孩子的能力，还能极大地降低孩子感到害怕和茫然无措的可能性。记住，孩子对大人（特别是父母）的情绪状态特别敏感。

步骤二：评估孩子的情绪状态

如果孩子有过度惊吓的迹象（如眼神呆滞、脸色苍白、脉搏和呼吸急促或微弱、茫然失措、情绪过激或过于平静），不要让他立即回去玩耍。你可以这样说："宝贝，你现在安全了，但刚才是不是有点吓到了？爸爸/妈妈会在这里陪着你，直到你不再害怕。虽然你现在很想去玩，但我们先安静地待一会儿，好吗？"记住，要用平静有力的语调与孩子沟通，让他知道你做的一切都是正确的。

步骤三：当孩子不再感到惊吓，引导他关注自己的感觉

你可以通过以下迹象判断孩子是否已经从惊吓中恢复：皮肤是否恢复了正常的颜色，呼吸是否变慢或变深了，眼睛是否开始流泪或有了其他情绪（之前可能显得空洞无神）。当你看到这些迹象时，可以温和地询问孩子"身体的感觉如何"，接着用一个问题重复他的答案："你身体的感觉还可以是吗？"然后等待孩子点头或做出其他回应。

接下来，你可以问得更具体一些："你的肚子（头、手、脚等）感觉如何？"如果孩子提到一种明显的感觉（比如"感觉很紧或很痛"），要温柔地询问它的位置、大小、形状、颜色或重量（比如重或轻）。继续用问题引导孩子关注当下的感觉："现在是什么感觉（辛辣、难受、灼痛）？"如果孩子太小或过于惊吓，无法清晰地表达自己的感觉，

要引导他指出身体哪里有感觉。（记住，孩子喜欢用比喻来描述感觉，例如，"像石头一样硬"或者"像蝴蝶一样抖动"。）

步骤四：跟随孩子的节奏并仔细观察其变化

时间就是生命。对大人来说，这可能是最艰难的一步；对孩子而言，这是最重要的一步。在问题和问题之间要保持一两分钟的沉默，这有助于生理周期的深层修复。问题太多或太快，会破坏其自然的修复过程。请记住，你的平静和耐心可以促进剩余的生存能量的流动和释放。

这个过程不能操之过急，要留意生理周期结束的线索。如果线索不够清晰，你不确定这一生理周期是否已经结束，请耐心等待，观察孩子是否会提供线索。这些线索包括停止哭泣、不再颤抖、伸懒腰、打哈欠、微笑或眼神交流，以及深长、放松且自如的呼吸。

某个生理周期的结束并不意味着孩子已经完全恢复。你要等待并观察是否会出现其他状况。让孩子继续关注自己的感觉，多花几分钟，直到确定这个生理周期已经完全结束。如果孩子看起来很累，请停下来，以后还有其他机会来完成这个过程。

步骤五：不断肯定孩子的身体反应

当孩子哭泣或颤抖时，不要试图打断他。相反，要不断地提醒孩子：无论发生什么，都会过去的，他一定会好起来。孩子的行为需要持续一段时间，直到他自己停下来，这一过程大约需要几分钟。研究表明，在创伤事故中，越能哭出来和发泄出来的孩子，后期康复中出

现的问题就越少 [1] 。你的任务是通过语言和抚触告诉孩子：哭泣和颤抖都是正常、健康的反应。把手放在孩子的背部、肩膀或手臂上，用简单温和的语言安慰孩子，比如"没事的"，或者"抖吧，没关系，把那可恶的东西抖掉"。

步骤六: *相信孩子天生的自愈能力*

当你自己感觉越来越舒服时，就更能让孩子放松下来，并且跟上孩子的节奏。一旦孩子的自愈过程开始启动，你的任务就是不要中断它。你要相信孩子天生的自愈能力，不要刻意地进行干预，要允许这一过程自然发生。你要做的就是陪伴孩子。你稳定而强大的内核可以为孩子提供一个安全的容器，让他释放眼泪、恐惧和任何奇怪的感觉。通过平静的声音和安抚的双手，你可以让孩子明白他做的事情并没有错。

为了避免中断这一过程，不要改变孩子的姿势，不要分散他的注意力，不要把他抱得太紧，也不要离他太近或太远。留意孩子什么时候开始四处张望，什么时候开始好奇周围发生了什么。这种查看周围环境的方式被称为"定向"（orienting），是问题已经解决的一种迹象，代表事情已经结束，或者压力事件激发的多余能量已经得到释放。对周围事件的定向反应，会给孩子带来更多的感觉意识、生命活力和喜悦。

---

[1] Robert Fulford, *DO, personal communication, Summer session, New England College of Osteopathic Medicine,* Biddeford, Maine, 1980.

步骤七：就算孩子不愿意，也要让他休息一下

深度的能量释放和事件处理通常发生在休息和睡眠期间。在这个阶段，不要进行提问，以免激发孩子讨论发生的事情。不过，休息好后，孩子可能会想要讲述这件事情。你可以让孩子画一幅画，或者把事情从头到尾演绎一遍。如果剩余的能量被激活，能量的释放过程将会继续下去。

你不一定能觉察到孩子休息后发生的变化，但它促进了孩子全面的恢复。在休息阶段，由于神经系统恢复了放松和平衡状态，孩子的身体可能会发生细微的抖动、释放能量，皮肤的颜色可能也会发生变化。此外，做梦也可以帮助身体完成必要的生理变化。这些变化是自然发生的，你只需要为孩子提供一个平静、安全的环境。（注意：如果孩子的头部受伤，在医生确认孩子脱离危险之前，不要让他睡着。）

步骤八：关注孩子的情绪反应，帮助他理解发生的事情

当孩子休息好并恢复平静后，等到第二天，请留出一些时间与孩子谈他的感受和遭遇。首先，通过提问让他告诉你发生了什么。孩子通常会感到愤怒、恐惧、悲伤、担心、尴尬、羞耻和内疚。帮助孩子明白这些感觉都是正常的，你非常理解他。告诉孩子，你或者你认识的其他人也有过类似的经历或相同的感受。这是在鼓励孩子表达自己的感受，这样他就不会因为自己的遭遇或反应而感到怪异，也不会觉得自己是个有问题的人。你要通过行动告诉孩子，无论他有什么感觉你都可以接受，并且他的感觉值得你花时间和精力去关注。

留一些时间来讲故事或回忆事件的细节，以评估事件是否造成了后遗症。绘画和制作黏土可以帮孩子释放强烈的情绪。无论何时，只要你发现孩子非常难受，就要让他再次关注自己的感觉，以帮助他度过痛苦的时刻。在这一阶段，你可以通过做游戏来帮助孩子进一步恢复。你可以从下一章萨米的故事中了解到游戏的内容。对于还不会说话或者由于过度惊吓而无法表达的孩子，做游戏的效果特别好。此外，你还将了解到，你和孩子一起创作的艺术活动，以及一些看起来幼稚可笑的做法，是如何以极其有趣的方式在情感层面进一步疗愈孩子的。

现在你已经知道需要做些什么，下一步就是提高相关技能。下面的内容会告诉你如何选择语言、节奏和语调，来帮助孩子释放多余的"创伤能量"。一旦掌握了这样的能力，你就会对自己充满信心，相信一切都会好起来，而不是充满不必要的担心。

适应孩子的节奏、感觉和情绪

大人应该如何正确地支持孩子启动疗愈程序呢？除了向孩子保证任何强烈的情绪都是正常的，更重要的是帮助孩子理解他经历的痛苦终会过去。

当孩子知道伤痛不会一直持续，而且你会一直陪着他，直到他重新找回自我时，他就会感到安慰并获得力量。事实上，当大人有足够的耐心，不从大人的角度催促孩子或压抑孩子的感受时，他们会更快地释放情绪。"适应"（attuned）意味着大人有足够的耐心去承受孩子的消极情绪，而不是打断孩子或建议孩子克服这些情绪。也就是说，你要调整自己的节奏，迎合孩子的步伐，允许孩子真诚地表达自己。

不要低估接纳和尊重的重要性。就像固定断臂的夹板一样，全心全意的关注和安慰、不带评判的语言能起到稳定的作用，帮助孩子恢复健康的心理状态。就像骨头的愈合需要时间一样，孩子心灵的康复也是如此。

我们想再次强调，孩子对父母的面部表情、肢体语言和语调非常敏感。因此，你要清楚自己的非言语信息在传递什么，这非常重要。为了取悦父母，避免批评和责骂，做"正确"的事情，孩子往往会按照父母期待的方式行事。他们会表现得很"强壮"和"勇敢"，忽视自己的感受，最终可能会导致本可以避免的创伤症状。无数接受治疗的成年人回忆，为了不让父母感到难受，儿时的他们会压抑自己的情绪。有时，他们表现得很"勇敢"，只是为了减少父母的焦虑。

如何避免忽视孩子的需求？

首先，当意外发生时，留意自己是否会出现害怕或脆弱的感觉。接着，与身体对话。当你暂时"情绪失控"时，你确实需要回到自己的内心。理想状态下，你会根据之前的练习做好准备，对自己进行情绪急救。花点时间留意一下你的脚是如何与地板接触的，感受你的脚掌是否被大地牢牢地支撑着。你能感觉到小腿的重量和力量吗？还是几乎感觉不到它们？你感觉自己非常稳定地扎根于大地，还是感觉自己很容易被撞倒？你的手臂和手有什么感觉？你对自我感觉的觉知越熟练，这样的检查就会越容易，用时也越短。

如果你想增强自己的稳定性，可以弯曲膝盖，降低身体的重心，来回摇摆或慢慢地舞蹈，转动踝关节和臀部，直到你感觉下半身非常有力量。当你站得稳稳的，再检查一下你的感觉，你会惊喜地发现你的呼吸更顺畅，对自我的觉知也更加清晰了。非常神奇的是，这两个简单的步骤会让你更轻松、全然地与孩子待在一起。这与飞机上的安全提示异曲同工：空乘人员会提醒你先给自己戴上氧气面罩，盖好嘴和鼻子，然后再帮助孩子戴上儿童面罩。

首先照顾好自己，实际上是为了更好地照顾孩子。当你能找回自我，留意到自己的呼吸变缓，体验到感觉自在地发生变化时，你已经从短暂的"僵化"中走了出来。现在，你有足够的能量去关注孩子的需求和表达，避免因为自己的失控反应而让孩子的反应复杂化。

当然，如果你已经做了前面的练习，学会了如何消耗未完全释放的剩余能量，并且从压力或恐惧情境中恢复了，那么你会更容易保持冷静。你可以练习在日常生活中运用自己的内在觉知。有时，观察别人如何冷静地处理紧急事件会帮到你，尤其是当你成长于一个"混乱"的家庭，没有遇到冷静的父母作为榜样时，这样的练习尤为重要。非常神奇的是，当父母的肢体和口头语言传递出安全的信息时，孩子能迅速地从受惊吓的警觉状态恢复，释放掉多余的应激能量。下面这个"情绪急救"的例子清楚地说明了在一场可怕的事故发生后，一个冷静的成年人是如何帮助孩子促进生理周期的循环的。

　　一位少年在大街上骑着摩托车，突然被一辆汽车撞倒，从车上摔了下来。他的头撞到地上，幸运的是他戴了头盔，只有手臂和腿被刮伤得很厉害。他的皮肤明显变得惨白，眼睛睁得大大的，状态非常不对劲。受惊吓的少年惊恐地爬到路边，路过的行人打电话叫了救护车。我正好目睹了这一切，花了一些时间让自己的呼吸和心跳慢下来。我注意到少年还活着，手脚也能动，于是我把注意力放在自己的呼吸上，弯曲腿脚，降低重心，让自己稍微安定一些。我还牢牢地记得最重要的一点：如果我想帮助这位受伤的陌生人从惊吓中恢复，首先我自己必须保持冷静。

　　我在少年的旁边坐下，用非常平静的声音简短地说道："救护车已经在路上了。"我知道情绪急救的重要性，也知道我该做些什么去帮助他，于是我用温柔而坚定的声音说："你受了惊吓，我会留在这里陪你，直到救护车到来。你还活着，你很快就会没事的。"我一说完这些话，少年就开始发抖。我坚定且轻柔地把自己的手放在他的上臂（三角肌）处，鼓励他接纳自然产生的感觉："发抖没事的……这是正常反应……就让自己这样抖吧……你做得很好……你会没事的。"三分钟后，少年的脸上恢复了血色，他不再发抖，开始轻微地颤动，并且流下了眼泪。突然，他深深地吸了一口气，环顾四周，想知道究竟发生了什么。他终于回过神来了——

知道自己是谁以及身在何处。

这里的关键是：当孩子非常脆弱时，如果身边有一个人清楚地知道该做什么，并且能够传递出安全和共情的感觉，孩子将受益匪浅。如果孩子知道你足够坚强，没有惊慌失措，能够承受和包容他的惊吓，他会感到非常安全。

记住，受到惊吓后会激活生存能量，当生存能量释放出来时，可能会让人感到非常可怕。如果父母懂得这是一个正常的过程，并相信孩子会没事，那么他们就会保持冷静，陪在孩子身边，成为孩子生存能量的"容器"。

在紧急情况下帮助孩子，你还需要了解节奏和时机的重要性。仔细想想，自然界的一切都有其周期：季节变换、月缺月圆、潮起潮落、日升日落，甚至动物的交配、生育和冬眠也遵循着自然的节奏。我们也会通过收缩和扩张来缓解事故造成的影响，也就是说，无论我们现在感觉多么糟糕，之后也会迎来自由的放松。

然而，对人类而言，这种节奏面临着双重挑战。首先，与电子游戏和手机程序相比，这种节奏要慢得多。其次，它远远超出了我们的控制，我们只能在一旁观察，尊重并全然地接受疗愈周期的存在，而不能评价、操纵、催促或改变它。只要给孩子足够的时间和关注，他们就可以自行完成疗愈周期。

消除压力状态下的应激反应，不仅可以减少日后产生创伤的可能性，还能培养一种能力，帮助人们更轻松、更灵活地应对危险的情境。本质上，这是在培养一种抗压的心理韧性。一个习惯于体验和释放压力的神经系统，要比一个背负着持续的，甚至是不断累积的压力的神经系统更加健康。如果我们鼓励孩子关注自己的本能反应，他们将获得受益一生的健康和活力。

第三章

通过游戏、艺术和诗歌
重塑心理韧性

如果孩子经历了一些轻微的事故，比如跌倒或其他看似"日常"的事件，使用上一章的基本急救措施通常可以帮助孩子恢复正常。然而，在某些情况下，有些创伤性影响只能减轻，而无法完全消除。例如，侵入性的外科手术、与父母长期分离甚至被抛弃、遭遇特别严重或恐怖的事件、目睹暴力事件或遭受虐待等。为了应对这些情况，专业的心理健康服务显得尤为重要和必要。除此之外，父母也可以通过一些方法帮助孩子缓解压力和焦虑。在本章，你将会学到通过引导式游戏、艺术活动和诗歌疗愈增强孩子应对挫折和坎坷的信心。

年幼的孩子有时会通过非言语线索向父母展示那些让他们感到不堪重负的经历。学步期、学前期和学龄期的儿童很容易通过角色扮演、游戏和艺术表达内心深处的恐惧和无意识的混乱。例如，如果你的孩子在玩玩具时具有很强的攻击性，不断地重复相同的场景——比如用一个洋娃娃伤害另一个洋娃娃——她可能正试图从可怕的经历中恢复，或者正处理她曾目睹的某些可怕的事情。在这种情况下，父母可以引导孩子停止不断重复的攻击性游戏,转向解决问题,从而缓解她的痛苦。

另一方面，有时孩子不会以如此明显的方式呈现他们的伤痛。他们可能会回避任何让他们想起恐怖情境的活动、人或事。有时，孩子新出现的行为往往不易觉察，而且让人迷惑不解，家人很难将他的行为和恐惧的根源联系起来。萨米的情况就是如此，你很快就会读到他的故事。

孩子们通常不会以直接的方式表达他们的痛苦，而是通过令人沮丧或困惑的行为表现出来。他们可能会表现得"任性"、黏着父母或者发脾气。有些孩子可能会烦躁、多动、噩梦连连或失眠。这些症状非常考验人的耐心，尤其是当照顾者不知道是什么导致孩子以如此不可预测和令人不安的方式行事时，保持耐心就变得更加困难。

更令人担忧的是，孩子可能会通过获得扭曲的控制感来表达自己的不安和伤痛，例如，欺负一个更小、更弱的孩子或宠物。有时，缺乏表达途径的孩子可能会通过身体症状来表现他们的痛苦，例如头痛、肚子痛或尿床。孩子的另一种表现是回避过去喜欢的人和事，或者试图控制周围的环境和人，以缓解难以忍受的焦虑。

在孩子令人费解的行为背后隐藏着恐惧、背叛和羞耻，那么，父母可以做些什么来缓解和消除这些情绪呢？由于孩子天生就喜欢游戏，你可以通过"引导式游戏"帮助他们恢复。在本章，你将学会如何一步步地帮助孩子跨越恐惧，获得对恐惧时刻的掌控感。无论你的孩子做出了令人困惑的行为，还是在游戏中重复创伤事件，以下方法都可以帮助你更好地支持他。

通过萨米的故事，你将会了解如何通过设置"游戏环节"来引导孩子一步步地体验胜利，最终获得修复性体验。在萨米的故事之后，我们会提供相关的指引，帮助你为孩子提供类似的支持。这个故事讲的是：萨米遭遇了一次看似寻常的跌倒，需要到急救室进行缝合，但后来事情逐渐偏离了正轨。这个故事不仅揭示了创伤对孩子的影响，还展示了游戏是如何帮助孩子从恐惧中恢复的。几个月后，萨米从可怕的经历中恢复过来，重新获得了自信和喜悦。

萨米借助游戏治愈医疗创伤的故事

萨米总是在祖父母家度过周末，我曾拜访过他们一次。他表现得像一个无法无天的小暴君，咄咄逼人且总是试图控制周围的新环境。没有什么能让他满意，他每时每刻都表现出暴躁的脾气。当他睡着时，总是翻来覆去，仿佛在与床单搏斗。对于一个两岁半的孩子来说，这种行为并非完全出乎意料，因为他的父母周末不在家——有分离焦虑的孩子通常会这样做。然而，萨米一直很喜欢拜访他的祖父母，这种行为对他们来说似乎过于极端了。

他们向我透露，六个月前，萨米从高脚椅上摔了下来，导致下巴裂开了。他流了很多血，被带到了当地的急诊室。当护士测量他的体温和血压时，他非常害怕，以至于护士无法记录他的生命体征。随后，他被绑在"儿科束缚板"（一种带有尼龙绑带和魔术贴的板子）上。他的躯干和腿被固定住，只有头和脖子能动。尽管如此，他还是尽其所能地挣扎着。医生们只好再次勒紧绑带，并用手固定他的头部来缝合他的下巴。

在这次令人不安的经历之后，萨米的父母带他出去吃汉堡，然后去了游乐场。他的母亲非常细心，向儿子表示她非常理解这次经历对他来说有多可怕和痛苦。很快，一切似乎都被遗忘了。然而，不久之后，萨米的霸道行为就开始了。萨米的脾气和控制欲是否与这次创伤带给他的无助有关呢？我发现萨米曾多次因各种伤势被送往急诊室，但他从未表现出如此严重的恐惧和慌张。当他的父母回来后，我们一致同意探究一下萨米的行为是否与这次创伤事件有关。

大家都来到了我住的小屋里。在父母、祖父母和萨米的注视下，我把他的毛绒玩具小熊维尼放在了椅子边缘，它很快就掉到了地板上。我们说："小熊维尼受伤了，要立即送往医院。"萨米尖叫着冲向门口，跑过一座小桥，沿着一条狭窄的小路跑到了小溪边。我们的怀疑得到了证实，他最近去医院的经历并非没有后遗症，也没有被遗忘。萨米的行为告诉我们，这个游戏给他带来了巨大的冲击。

萨米的父母把他从小溪边带了回来。当我们准备进行另一个游戏时，他拼命地抓住他的母亲。我们向他保证，我们都会保护小熊维尼。他又跑了，但这次只是跑到隔壁房间。我们跟着他进去，想看看接下来会发生什么。萨米跑到床边，用双臂拍打着床，同时期待地看着我。

"你生气了吗？"我问。他看了我一眼，肯定了我的猜测。我把他的表情理解为游戏可以继续，于是把他放在旁边的床上。"萨米，让我们都来帮助小熊维尼吧！"我把小熊维尼放在毯子下，请大家来帮忙。萨米饶有兴趣地看着，但很快就站起来跑向他的母亲。他紧紧地抱着她的腿说："妈妈，我害怕。"

我们没有强迫萨米，而是等他准备好且愿意继续游戏再开始。这一次，祖母和小熊维尼一起被困在毯子下，萨米积极地参与了救援。当小熊维尼被解救时，萨米跑向他的母亲，比之前抱得更紧了。他开始因恐惧而颤抖，然后戏剧性的一幕发生了——他变得兴奋和自豪，挺起了胸膛。在这里，我们看到了从"创伤重演"到"疗愈游戏"的过渡。下一次他抱住母亲时，不再那么紧紧地贴着她，而是兴奋地跳跃起来。

每次我们都等萨米准备好再进行下一轮游戏。除了萨米，每个人都轮流与小熊维尼一起等待被救援。每次，萨米都更加积极地掀开毯子，然后逃到母亲的安全怀抱里。当轮到萨米和小熊维尼一起被毯子困住时，他变得非常不安和恐惧。他多次跑回母亲的怀抱，直到能够接受最终的挑战。他勇敢地和小熊维尼一起爬到毯子下，而我则轻轻地按住毯子。我看到他的眼睛因恐惧而睁大，但这次只持续了片刻。然后他抓住小熊维尼，推开毯子，扑向母亲的怀抱。他抽泣着、颤抖着和尖叫着："妈妈，带我离开这里！妈妈，把这个东西从我身上拿开！"他的父亲非常吃惊，告诉我这正是萨米在医院被绑在儿科束缚板上时尖叫着喊出来的话。他记得十分清楚，因为儿子如此年幼就能这样直接、清晰地表达自己的需求，让他感到非常惊讶。

我们多次重复了这个逃脱的过程。每次萨米都表现出更多的力量和胜利感。他不再恐惧地跑向母亲，而是兴奋地跳上跳下。每次成功逃脱后，我们都一起鼓掌、跳舞和欢呼："萨米真棒，耶！萨米救了小熊维尼！"两岁半的萨米已经克服了几个月前让他崩溃的创伤体验，那些由创伤导致的试图控制环境的攻击性的、暴躁的行为也消失了。在修复他的医疗创伤的过程中，他的"多动"和回避行为逐渐转化为争取胜利的行为。

引导儿童通过游戏解决问题的四个原则

下面我们对萨米的游戏体验过程进行分析，以帮助你在和孩子互动时理解和运用以下四个原则：

原则一：让孩子控制游戏的节奏

在上一章，你已经了解了适应孩子需求的重要性。只有把节奏慢下来，疗愈才会发生，对每个人都是如此。孩子的节奏可能与你的非常不同。为了帮助孩子感到安全，请跟随他的节奏和步调，不要将你的节奏强加给他。如果你站在孩子的立场仔细观察其行为，很快就能学会与他共鸣。让我们看看萨米的行为。

萨米"告诉"了我们什么？

当小熊维尼从椅子上摔下来时，萨米跑出了房间，这清楚地告诉我们，他还没有准备好参与这个全新的、充满刺激的"游戏"。

我们是如何帮助萨米获得安全感的？

萨米的母亲去小溪边把他"救"回来，对他进行了安抚，然后才继续游戏。我们都向萨米保证会保护小熊维尼。通过提供这样的支持和安慰，我们帮助萨米回到了游戏中。

萨米"告诉"了我们什么？

当萨米不再跑到外面而是跑进卧室时，他在告诉我们，他感到威胁减少了，并对我们的支持更有信心了。孩子可能不会用语言表达他们是否想继续游戏，所以我们要从他们的行为和反应中寻找线索。无论他们通过什么方式进行表达，我们都要尊重他们的意愿，永远不要强迫孩子做他们不愿意或无法做到的事情。

你能够做些什么来帮助孩子？

如果你发现孩子有恐惧、呼吸紧促、身体僵化或茫然失措的迹象，一定要放慢节奏。只要安静、耐心地等待，同时向孩子保证你会一直在他身边支持他，这些反应就会逐渐消失。通常情况下，孩子的眼神和呼吸会告诉你何时可以继续游戏。

练习：寻找萨米愿意继续游戏的线索

再读一遍萨米的故事，留意他愿意继续游戏的线索。除了上面提到的线索外，还有三个明显的线索，请把这些线索找出来。

原则二：区分害怕、惊恐和兴奋

在引导式游戏中，假如孩子经历害怕或惊恐的时间过长，通常对他走出创伤没有帮助。大多数孩子会采取行动避免这些令人崩溃的感觉，请允许他们这么做！与此同时，你还要帮助孩子回到他们试图避免的具有挑战性的感觉和情绪中，并"触及"这些感觉和情绪，但不要让他们感到自己被压垮了。试着辨别他是在回避，还是在触及恐惧后进行了有力的逃脱。下面这个鲜明的例子可以帮助你培养"解读"孩子内心的技能，进而决定何时需要休息、何时可以继续推进游戏。

萨米"告诉"了我们什么？

当萨米跑向小溪时，他表现出了回避行为。为了化解他的创伤反应，萨米需要获得对行为的控制感，而不是任由情绪驱动行为。

如何"解读"孩子的内心体验？

当害怕和惊恐威胁到孩子时，回避行为就会发生。这种行为通常伴随着一些痛苦的迹象（如哭泣、惊恐的眼神、尖叫）。另一方面，主动逃脱可能会令人感到兴奋。孩子们会因为小小的胜利而兴奋不已，并常常通过微笑、拍手或开怀大笑表现出快乐的心情。总体而言，这种反应与回避行为大不相同。感到兴奋，证明孩子成功地释放了创伤事件带来的坏情绪。所以，主动逃避是积极、可取和必要的做法。

当难以忍受的感觉和情绪转化为可接受甚至愉悦的体验时，创伤便得以转化。例如，高度焦虑转变为兴奋并不罕见，因为两者在神经系统中的激活水平相似。

如何为你的孩子提供支持？

如果孩子看起来很兴奋，你可以像我们为萨米鼓掌和跳舞那样给予他鼓励。然而，如果孩子看起来很恐惧或畏缩，请给他安慰，不要鼓励他采取进一步的行动。你要全神贯注地陪伴和支持孩子，耐心地等待他的恐惧消退。如果孩子出现疲劳的迹象，请休息一下。

原则三：每次前进一小步

对创伤事件进行重构（renegotiation）时，前进的步伐不能太快。创伤性游戏本质上具有重复性，要充分利用这种特性。"重构"与创伤性游戏的关键区别在于："重构"能使孩子的反应和行为逐步发生变化，朝着获得控制感和解决问题的方向前进。

萨米"告诉"了我们什么？

当萨米跑进卧室而不是跑出屋外时，表明事情取得了进展。

密切留意孩子的进步

无论重复多少次，如果你的孩子出现了不同的反应——例如兴奋感提高了、言语增多了或者自发动作变多了——这表明他正从创伤中恢复。如果孩子的反应似乎朝着强迫性重复的方向发展，缺乏延展性和多样性，就说明你可能推进得太快，导致孩子的情绪被过度唤起而无法取得进展。

如何帮助你的孩子每次前进一小步？

让自己保持冷静，关注自己的感觉，直到你的呼吸带来平静、自信和自发的感觉。通过将游戏分解为更小的步骤来减缓变化的节奏。这似乎与之前提到的"跟随孩子的节奏"有些矛盾。然而，明智的父母会防止孩子过度激动和受到过大的冲击。为了做到这一点，你可能需要放慢游戏的节奏。

如果你的孩子看起来很受伤，你可以加入一些疗愈的步骤。例如，孩子经历了医疗创伤，你可以说："让我们看看，怎么做才能让小熊维尼在你（假装医生 / 护士）给他打针前不害怕呢？"通常，孩子们会提出一些创造性的解决方案，以证明他们的经历中缺少哪种关爱或安慰。

不要顾虑你需要重复多少次看似相同的事情。（我们让萨米和小熊维尼一起玩了至少 10 次游戏。萨米能够相当快地重构他的创伤反应，你的孩子可能需要更多时间。）你不必在一天内完成所有事情。休息和时间会帮助孩子以微妙的方式重组他的内心体验。如果问题没有完全解决，孩子会在下次有机会继续游戏时回到类似的阶段。

如果这些建议没有起效，请重新阅读本章，仔细审视你扮演的角色，并更仔细地观察孩子的反应。也许你正变得沮丧、过度担心，或者可能忽略了孩子发出的一些信号。你需要多加练习，才能学会捕捉细微的线索。一旦孩子开始做出反应，请忘掉你的顾虑，尽情享受游戏吧！

原则四：成为安全的容器

要相信，苍天不负有心人。在帮助孩子处理创伤事件时，请保持信念，相信一切都会好起来，这对于父母而言是最困难也是最重要的部分。这种信念来自你的内心，并且被投射到孩子身上。它会成为一个容器，用自信的感觉包围着孩子。如果孩子抗拒你的帮助，事情就会变得特别困难。

如果孩子比较抗拒，请保持耐心并给他安慰。孩子内心是希望重塑这段经历的。你要做的就是等到孩子感到足够自信和安全，愿意这样做。如果你过度担心自己是否有能力帮助孩子，可能会无意中向孩子传递一个信息，即他需要帮助你克服焦虑。那些未解决个人创伤的成年人特别容易掉进这个陷阱。如果结果仍然令人沮丧，不要强行推进。相反，请找一位专业的游戏治疗师来帮助你的孩子；同时，请不要迟疑，要及早地为自己寻求帮助。

讨论：那些没有得到帮助的孩子会怎样？

如果萨米没有得到帮助，他是否会变得更加焦虑、多动、黏人和控制欲极强？或者，他的创伤是否会导致尿床或回避行为？他是否会出现原因不明的身体症状，如肚子痛、偏头痛和焦虑发作？所有这些推测都有可能发生，但也有可能不发生。我们无法知道孩子的创伤经历会以何种方式、在何时，甚至是否会以另一种形式侵入其生活。然而，我们可以通过预防保护孩子免受这些可能性的伤害。无论如何，这种看似"微不足道的预防"将帮助他们成长为更自信和率真的成年人。

像萨米这样的孩子很少在类似事件发生后得到直接的帮助。在这方面，你们是父母中的先行者。你们会了解到，在孩子浑身颤抖着把遭遇可怕事件造成的僵化、羞耻、失落和愤怒"抖掉"时的关键时刻，他们更容易接受帮助。通过引导式游戏，孩子们可以安全地释放出那些未能成功地防御可怕和痛苦的经历时激活的强烈能量，但他们必须在你的支持、引导和保护下做到这一点。

讨论：创伤性游戏与治疗性游戏有什么区别？

区分"回避旧事重提""在游戏中重复创伤情景"和"重构创伤"三者的不同非常重要，就像我们在萨米身上看到的那样。受过创伤的成年人经常会重演某个事件，它在某种程度上（至少在潜意识层面）代表了原始创伤。例如，童年性虐待的受害者可能会变得性关系混乱，或者成为性犯罪者，或者完全回避任何与性有关的可能性。

同样，孩子们也会重演那些令他们感到恐惧的事件片段。虽然他们可能并未意识到这些行为背后的意义——它们被与原始创伤相关的情感所驱动。即使他们没有直接谈论创伤，也会通过创伤性游戏讲述自己的故事。这是一个明确的信号，表明你的孩子仍然受到困扰。

下面这个例子很好地描述了这种"困扰性"游戏。在《吓得不敢哭》（*Too Scared to Cry*）一书中，作者莱诺尔·特尔（Lenore Terr）描述了三岁半的劳伦在玩玩具车时的反应。"车子正在撞向人们，"劳伦一边说，一边将两辆赛车快速推向一些手指玩偶，"它们尖尖的部分刺向人们。人们很害怕。尖尖的部分会刺到他们的肚子、嘴巴，还有……"她指着自己的裙子："我的肚子疼，我不想再玩了。"

因为身体的恐惧感突然涌现，劳伦停止了游戏，这是一种典型的反应。她可能会一次又一次地回到同样的游戏中，而每当肚子里的恐惧感变得难以忍受时，她就会停下来。一些治疗师可能会认为，劳伦正试图通过游戏控制创伤情境，这类似于帮助成年人克服恐惧症的"暴露疗法"（exposure treatments）。但特尔警告说，这种游戏通常不会取得太大效果。尽管它确实有助于减轻孩子的痛苦，但它产生效果的速度非常缓慢。在大多数情况下，这种游戏会强迫性地重复而无法解决问题。未解决的、重复性的创伤性游戏可能会强化创伤的影响，就像成年人重演和讲述创伤性经历可能会强化创伤一样。

正如我们在萨米身上看到的那样，"重新处理或重构创伤经历"与"创伤性游戏"或"创伤重演"有着本质的不同。如果放任不管，大多数孩子会试图回避游戏引发的创伤性感受。在我们的引导下，萨米能够通过逐步、有序地克服恐惧来"体验并释放自己的感受"。在小熊维尼的陪伴下，萨米通过这种循序渐进的方式对创伤事件进行了重塑，最终成为胜利者和英雄。胜利感和英雄气概的产生标志着孩子顺利地完成了创伤事件的重构。在游戏刚开始时，在设置了一个令人不安的场景后，我们缓慢而谨慎地跟着萨米的节奏，参与到他的游戏中，并在这个过程中逐步调整游戏内容。最后，萨米终于释放了他的恐惧。我们只提供了很少的指导（大约半小时）和支持，就实现了帮助他成功"逃脱"的目标，从而让他体验到了与在急诊室中截然不同的结果。

你的孩子需要额外帮助吗？

要判断孩子的困扰是否未得到解决，你可以尝试提及那个令人恐惧的事件，并观察他的反应。一个遭遇创伤的孩子可能不愿意听到关于诱发事件的任何信息。一旦听到，她可能会变得焦躁或恐惧。有时，你的孩子可能会离开房间，因为他不想谈论这件事；而另一个孩子可能会滔滔不绝地谈论它。而那些"已经长大"并摆脱了异常行为模式的孩子，未必已经释放了引发这些行为的能量。创伤反应之所以可以隐藏很多年，是因为成熟的神经系统能够通过纯粹的意志力控制多余的能量，至少可以暂时控制。一旦提及多年前引发孩子行为改变的可怕事件，很可能会唤起他残留的创伤体验。

你可能会想："孩子的行为已经得到控制了，为什么还要旧事重提？"你无须为重新激活孩子的创伤症状感到担忧。相反，这是一个释放残留的创伤能量并完成处理过程的机会。这有助于大大减少孩子累积的压力，同时恢复孩子的反应、平衡、协调和稳定能力，并把孩子的自信心和自我意识恢复到最佳水平。这是培养心理韧性、增加自信和快乐的直接途径。

在帮助孩子度过艰难时期和处理难以承受的事件时，我们要提醒你——有时需要专业的帮助。在孩子跌倒、经历事故或简单的医疗程序后，尽管父母通常可以帮助孩子恢复信心，但即使是最有经验的父母也无法解决所有问题——在复杂的情况下尤其如此，例如性侵犯（尤其是遭受家庭成员的性侵犯）。如果父母已经尽了最大的努力，但孩子仍有创伤反应，请一定要寻求专业帮助。

另一方面，如果孩子的问题没有一次性解决，也并不一定意味着你需要寻求专业的帮助。有些孩子需要与你玩更多的"游戏"才能真正扭转局面。然而，如果经过多次尝试，孩子仍然感觉不安全或处于僵化状态，并且没有迈向胜利和获得掌控感，不要强行推进。请咨询具有儿童工作经验的专业人士。虽然预防儿童创伤可能相对容易，但疗愈儿童创伤有时可能很复杂，当多个事件同时发生、压力持续存在及儿童没有得到帮助时尤其如此。如前所述，如果孩子被自己信任的成年人背叛，创伤会变得更加复杂。

通过"装扮"游戏为孩子提供更多帮助

除了用毛绒玩具和娃娃（如小熊维尼和泰迪熊）搭建场景外，还有许多其他类型的玩具可以利用。孩子们喜欢玩偶，也喜欢用玩偶在临时搭建的小舞台上表演自己编的故事。这对于那些因恐惧而不敢直接面对发生在自己身上的事情的孩子尤其有效。对于 3 岁以上的孩子（因为年龄较小的孩子可能有窒息风险）来说，用小型玩偶搭建游戏场景是一种比较理想的方式。包括化妆（dress-up）游戏和角色扮演

（role-play）在内的戏剧游戏，也可以用来帮助你的孩子梳理复杂的情绪和感受。

玩偶

　　玩偶最有魅力的一点在于，它们对所有年龄段的孩子（甚至包括青少年）都有很强的吸引力。青少年一开始拿起玩偶只是"随便玩玩"，然后就逐渐认真地玩起来了，这种情况并不罕见。与孩子一起做这种看似幼稚的事情，对大人来说也其乐无穷。你可以从用不同的声音和语调模仿玩偶说话开始，而不必设定任何具体的目标，你也可以通过表现得自然随意来鼓励孩子这样做。这种玩偶游戏能够让孩子们与自己的问题保持足够的心理距离，为他们自由地表达自己的想法创造安全感。那些难以感受和分享自己情绪的孩子，几乎总能通过玩偶间接地宣泄情绪。

　　在一段时间的自由玩耍后，你可以引导孩子朝着某个方向前进，帮助他处理最初引发困扰的情况或随后的问题行为。例如，如果你的孩子表现出压抑、愤怒的症状，变得闷闷不乐或抑郁，你可以引导他通过玩偶表达这些感受。你自己也可以通过玩偶示范愤怒的情绪。例如，"愤怒的鳄鱼爱丽丝"可以咬牙切齿，大声喊出让他感到烦恼的事情。另一方面，如果你的孩子喜欢通过打其他孩子的头或发脾气来表达愤怒，"愤怒的巨人安格斯"可以踩脚，向整个王国宣布他感到很生气。通过这种方式，孩子可以在不伤害任何人的情况下表达自己。孩子们还可以通过玩偶表达他们的恐惧、悲伤和快乐。在这种游戏中，孩子们不仅表达了自己的情绪，还会想出最棒的创意解决方案来解决他们的问题。

当父母通过游戏与孩子建立更轻松的连接时，就可以更接近真实的情境（如果存在的话）。例如，爸爸或妈妈可以让其中一个玩偶摔倒、遭遇车祸、谈论即将进行的手术、以一种令人害怕的方式被接近，或者提起爷爷去世时的感受。通过玩偶，孩子们可以探索感觉、想法和情绪。当大人为孩子创造合适的环境时，他们就会表现出惊人的心理韧性——他们会面对自己的恐惧，并逐渐掌控那些曾经让他们感到无力的情况。

你可以自己制作或从商场购买玩偶。有些玩偶可以套在整只手上，有些玩偶只能套在手指上。你还可以和孩子一起制作玩偶，这个过程会非常有趣。你可以用纸袋或旧袜子作为原材料制作玩偶，既经济又实用。制作过程非常简单，只需要让孩子用彩色马克笔画好面部，用剪刀剪出眼睛和嘴巴，用碎纸或纱线制作耳朵和头发，再用胶棒黏合即可。如果是手指玩偶，一个空鞋盒就可以作为舞台；如果是大一点的玩偶，可以用一个大纸箱或一张小桌子当作舞台。

玩具

如果你想要深入了解一个情绪不安的孩子，小玩具或小雕像（适合 3 岁以上的孩子）是进入其内心世界的另一种途径。随着电脑游戏、电子游戏、电视和电影的狂轰滥炸，电子媒体似乎已经占据了孩子们的生活。然而，当孩子们有机会发挥想象力时，他们依然会花几个小时玩小雕像。愿意与孩子互动的父母会从中学到很多关于孩子的信息。孩子们可以选择牛仔和印第安人、海洋和陆地动物、海盗和剑、小矮人家族、警察和强盗、救护车和消防车、树木、巫师、怪物、火山、家居用品、婴儿、医生、护士和创可贴、宝箱和战利品，或者餐具和银器等。如果大人允许，他们会发挥自己的想象力，想出各种主题、场景和互动活动。

与玩玩偶一样，父母可以坐在地板上与孩子一起玩玩具。仔细观察孩子是如何玩玩具的：他是温柔友善的，还是粗暴严厉的？他搭建了一个什么样的场景？他是否建造了一个藏身之所或设计了战争场面？他喜欢玩躲藏游戏吗？观察一段时间后，可以询问孩子希望你扮演什么角色。如果孩子一直处于情绪崩溃的状态，请注意她是否在游戏中融入了某些事件的元素（如离婚、事故、虐待、医院探访、灾难等）。当孩子们用物体创造各种游戏场景，通过想象力和双手进行创作时，神奇的事情发生了——他们的压力和紧张得到了缓解。重要的是，孩子们能够表达并释放情绪中积累的能量，这是他们恢复平衡并保持自我意识的方式。

对学龄前儿童来说，后院的沙池可以为他们提供一个坐着玩耍的地方，无论是小型还是大型玩具都可以在这里找到用武之地。这种游戏不仅包含触摸沙子时获得的感官体验，还涉及用小手指操控玩具和玩偶时得到的运动体验，是解决情绪问题的绝妙方式。与儿童绘画或其他形式的治疗性游戏一样，在玩玩具时，最重要的是孩子能够体会到他的世界、感受以及创造力正被一位关心他的大人所见证。如果父母不做评判或提供建议，孩子就会感到安全。当"双手知道怎么做"时，此时无声胜有声。正如卡尔·荣格所说："当空想束手无策时，双手往往知道答案。"[1] 大人需要做的就是进入孩子的内心世界，在情绪层面与他建立联系。

戏剧游戏 / 化妆游戏和角色扮演

戏剧游戏（如玩偶游戏）能够让孩子们与自己的问题保持足够的心理距离，为他们自由地表达自己的想法创造安全的环境。这种游戏既自然又自发，是孩子们彼此之间进行沟通，以及与愿意通过游戏进入他们世界的父母进行沟通的最简单的方式。

在《隐藏的宝藏：通往孩子内心世界的地图》（*Hidden Treasures: A Map to the Child's Inner Self*）中，作者维奥莱特·奥克兰德（Violet Oaklander）讲述了 10 岁男孩乔伊的精彩故事。他是被收养的，患有多动症，尽管接受了药物治疗，但他仍然经常莫名其妙地发脾气。在 5 岁时，他被父母紧紧地绑在一辆废弃汽车的后座上。乔伊显然需要与一位能够提供安全感的大人接触，这个大人需要为他创造条件，让他体验到力量、控制和逃脱的感觉。

在前几次会谈中，治疗主要以建立关系为主，治疗师通过"分享游戏"增强她与孩子之间的联系。在后来的游戏中，乔伊在玩具架上

---

[1] C.G. Jung, *Structure and Dynamics of the Psyche, Collected Works*, Vol. 8, second edition (Princeton, NJ: Princeton University Press, 1969).

发现了一副手铐。他随即掌控了局面，搭建了游戏场景。他让维奥莱特扮演强盗，而他自己则扮演警察。乔伊让维奥莱特假装偷钱包，这样他就可以追捕并抓住她。在这个游戏中，乔伊玩得不亦乐乎。在第二次玩同样主题的游戏时，乔伊表达了想用绳子把维奥莱特绑起来的愿望。到了第二周，维奥莱特带来了绳子，继续上周的游戏。按照之前的玩法，乔伊反复地追逐、抓捕维奥莱特，给她戴上手铐并把她绑起来，直到他感到厌倦为止。之后，他开始自由创作各种不同主题的游戏，这些主题与他早期创伤的联系越来越少。很快，他的妈妈就报告说："他变得快乐和平静了，不再乱发脾气了。"

和乔伊一样，其他经历过可怕情境的孩子——比如感到被困住、被束缚、被攻击或以其他任何方式被控制——也需要通过积极的修复性体验来恢复。这种充满活力的游戏还有一个额外的好处，那就是它能唤起与防御姿势和动作相关的肌肉活动。反过来，这可能会帮助孩子恢复在巨大压力中丧失的力量感和能力感。当孩子们玩装扮游戏时，自我意识会消失。为了帮助孩子发展健康的防御能力，我们可以邀请他们扮演自己最喜欢的动物，这是一种非常有效的方式。我们可以鼓励他们模仿动物的特征和动作——他们可以咆哮、跳跃、龇牙、弹跳、鸣叫、抓挠、游泳、滑行、猛扑或嘶吼。

孩子们可以用纸板制作自己的动物、人物或虚构面具，虽然这并不是必要的（有时保持简单反而更好），但可以进一步地丰富游戏。当他们躲在面具后面时，可以更容易地连接到自己的内在力量，并通过行动表达情感。他们可以假装正面对着一只喷火龙，同时积极地躲避火焰，快速跑到安全的地方，或者在枕头或橡胶垫上练习软着陆。还有一些其他的游戏主题，包括找到一个安全的藏身之处，在一场刀光剑影的战斗中取得胜利，扮演医生或护士缝合伤口，或者假装开车时扭转方向盘以避免事故。与玩偶和玩具游戏一样，戏剧游戏可以让孩子们参与身体活动，产生与无助和僵化相反的感觉和情绪。

用黏土、橡皮泥、手指画和绘画处理情绪

黏土和橡皮泥

黏土和橡皮泥具有极佳的触感，这种柔软的材料可以被塑形和重新塑形。孩子们可以用它们制作各种形状的东西，然后将其捏扁并重新制作。由于其可塑性，当孩子们感受并塑造这些小块材料时，他们会更加理解事物是如何变化的。孩子们可以用它们塑造人物，并对人物进行装扮。如果孩子能用黏土捏出小人，你甚至可以鼓励他对小人说话——说出他平时没有勇气当面表达的一切。他还可以用黏土捏出那些因死亡、离婚或遗弃而不再陪伴在身边的亲人。年幼的孩子（大一点的孩子也可以）可以简单地用黏土捏出一个东西并用力敲打，无论这个东西代表什么，这种行为都能让孩子获得胜利感和力量感。

手指画和绘画

感官体验可以帮孩子们建立强大的自我意识。手指画是孩子们表

达情感、解决困难的绝佳方式。当他们通过触觉和黏糊糊的材料进行创作时，似乎能够更深入地理解自己内心的感受。我们曾成功地用手指画治疗多动症儿童。其中一些孩子在专注于自己的作品时变得异常平静，并报告说即使他们无法用语言描述自己的烦恼，但事后依然感觉好多了。与孩子一起安静地画画也是一种美妙的亲子互动体验。有时，孩子可能会邀请你和他一起创作一幅画。

对于年龄足够大、能够独自绘画的孩子来说，以下活动可以帮助他们梳理和处理自己的情绪。让孩子向你描述他所画的场景，在他的画作中寻找创伤事件的迹象，以及心理韧性和康复的证据。避免给出建议、做出解释或评判孩子描绘的内容，相反，请孩子想象画中的动物或人物有什么感受。如果画中有物体，你可以让他谈谈这些物体以及它们与其他人物的关系。注意孩子是否将自己画在了画中，如果没有，可以询问他是否有画中人物的感受。总而言之，关键是以开放和好奇的态度看待孩子的画作。这会让你与孩子的内心世界建立联系，而不是将自己的想法和情感强加给孩子。

自由创作

给孩子提供画画的纸和各种颜色的马克笔。让他选择一种颜色进行涂鸦（比如画弯曲的线条），以此表达他当下的感受。如果他愿意谈论自己的画作、感受，请认真地倾听。如果他不愿意，也不要强迫他。让他随着情绪的变化，用不同的颜色继续涂鸦。

身体感觉地图

如果你的孩子处于学前班到三年级之间，你可以让他躺在大张的牛皮纸上，用马克笔描绘出他的整个身体轮廓。你可以帮助他制作编码键，用各种颜色、标记来描述他的感觉和情绪。指导孩子们使用自己的编码键，在身体地图上感受到不同感觉和情绪的部位进行涂色和标记。

编码键的示例如下：

蓝色＝伤心

橙色波浪线＝焦虑

粉色波点＝快乐

黑色＝麻木

紫色曲线＝充满活力

红色＝热情奔放

棕色＝紧张

7岁及以上的孩子可以在一张大纸上画出姜饼人的形状，然后在空白处画出自己的编码键。接着，请孩子根据此刻身体的感觉和情绪所在的位置，在身体地图上进行涂画。一定要鼓励他将舒服和不舒服的感觉都表达出来。

对于年龄较小、非常害羞或学习迟缓的孩子来说，身体感觉地图的画法可以有所不同。为了简单起见，可以只选择两种颜色进行编码：

一种颜色代表舒服的感觉（用孩子喜欢的颜色），另一种颜色代表不舒服的感觉（用孩子不喜欢的颜色）。家长可以为孩子画出姜饼人的轮廓。

通过描绘场景或故事展示发生的事情

让孩子画一幅画，描绘他经历的事情。不要给他具体的指示，而是告诉他可以按照自己的意愿来创作。孩子们常常会在画中加入虚构的人物，比如天使、已故亲人和宠物的灵魂，或者帮助孩子应对创伤的超级英雄。请记住，孩子画画既不是为了艺术，也不是为了追求精准。在治愈创伤性压力的背景下，孩子们画画是为了释放积压的能量，从而实现转变。进行艺术活动是探索和理解情感的一种安全方式，所以怎么画和画什么都可以。要知道，艺术的自由往往会带来情感的自由。

画出担忧、恐惧以及它们的反面情绪

如果画出事件本身无法让孩子感到轻松，下面的结构化绘画练习可以促进孩子情绪的转化：让孩子分别在两张单独的纸上画画，一幅画描绘他的担忧、恐惧或任何让他感到不愉快的事物，另一幅画则描绘能给他带来舒适、希望、美好、幸福、安全或轻松的感觉的事物。通常，孩子们会很自然地这样做：他们先画一场灾难（如车祸），然后再画一道彩虹。先画什么并不重要，重要的是让孩子自己决定。完成后，孩子可以与父母分享他们观看两幅画时的感受和情绪。分享结束后，孩子可以用正面情绪的图画覆盖"烦恼的"图画，并留意自己的感受和情绪如何变化。这个练习的一种变体是，让孩子将一张美术纸对折，只用一张而不是两张纸来完成画作。

绘制帮助孩子应对问题的资源

每个人都有资源。也可以说，每个人的身体都拥有资源。这些资源包括任何可以支持并帮助身体、情绪、心理和精神感觉良好的事物。资源可以是外部的，也可以是内部的，或者二者兼有。儿童天生具有内部资源，但这些内部资源需要成年人（一种外部资源）的镜映（mirror）和培养，才能逐渐成形。通过这种方式，孩子就可以在需要时调用自己的内部资源。对孩子来说，最好的资源是能够在遭遇压力事件后感受到内心的力量和心理韧性。

外部资源可以帮助孩子重拾信心并增强内在力量，从而帮助孩子在困难时期应对挑战，这些资源包括宠物、祖父母、种植花草、朋友的房子、孩子最喜欢的阿姨、诗歌、唱歌、打球、做手工、游泳、妈妈或爸爸、毛绒动物、写信、户外玩耍、兄弟姐妹、老师、上帝、收集岩石、骑自行车、当童子军、远足、绘画、阅读、跳舞、演奏双簧管、踢足球、跳舞、大山、海滩、自己的房间、祈祷、做数学题、做体操、玩装扮游戏、看星星、奶奶的羽绒被、画画套装、化学套装、烤饼干、跳石头、和朋友聊天、玩捉迷藏等。

与孩子一起探索资源后，让他选择一样帮助过他的资源并画下来。接下来，让他回忆最近一次运用该资源（人、宠物或活动）的时刻，并注意内心的感受（情绪和感觉）。为了加深这种体验，让他闭上眼睛，以便更好地描述和定位感受到这些感觉的身体部位。年幼的孩子可以指出他们身体内部感觉良好的地方。

用诗歌和绘画为孩子建立增强力量的资源

下面列出了一些诗歌。当然，你也可以和孩子一起创作诗歌。这些简单的诗歌能够带来轻松愉快的疗愈效果。关于自然的诗歌是为 3~11 岁的儿童设计的，旨在帮助他们建立增强力量的资源。不过，这些诗歌可能也会吸引稍大或稍小的孩子，并且，你可以根据孩子的需求进行调整。每首诗歌都有特定的创作目的，有些诗歌包含动物元素，因为孩子们非常喜爱动物。动物奇怪而滑稽的动作可能会重新唤起孩子内心失去的力量……而孩子或许从未意识到自己拥有这样的力量。如果孩子发现某首诗歌表达了自己的心理韧性和力量，还可以为它配上插图。

在列出每首诗歌之前，我们会解释其背后的原理，并提供一些建议，以帮助孩子收获更多。尽情享受吧！

如何使用文中列出的诗歌？

（1）首先默读一遍诗歌。

（2）阅读后面的注意事项，了解如何与孩子互动才能达到最佳效果。

（3）用缓慢的语速给孩子朗读一遍诗歌，同时观察孩子的反应。

（4）根据孩子的反应，按照建议进行练习。花点时间帮助他感受和处理自己的感觉，或者讨论他的反应和问题。

（5）进展一定要慢！对于某些孩子来说，如果需要的话，可以每天只读一小段。重要的是将诗歌作为切入点，充分利用适合孩子年龄、发展阶段和情况的内容。

第一首诗歌"我的魔力树"[①]会帮助孩子通过扎根练习（grounding exercise）和定心练习（centering exercise）与自己的身体建立连接。

我的魔力树

我们即将开始玩耍，但别着急，

先找到自己内心的魔力，

花点时间去感受和观察，

你可以想象自己的身体无所不能。

假装你是一棵挺拔的树，

---

① "The Magic in Me" poem was written by Maggie Kline and Peter Levine and excerpted from: Peter A. Levine, *It Won't Hurt Forever: Guiding Your Child Through Trauma* (Audio Learning Program) (Boulder, CO: Sounds True, 2001). Contact www.soundstrue.com or call (800) 333-9185.

可以伸向天空挠痒痒。

像一棵老橡树一样强壮是什么感觉？

树根扎在脚下、树叶自由挥舞是什么感觉？

建议：给孩子读完这首诗歌后暂停一下，给他一些时间去探索身体的感觉。让他站直，假装自己是一棵"老橡树"，或者选择他最喜欢的树（如果有的话）。给他足够的时间跳一跳或跺跺脚，探索自己与大地的关系。他可以假装脚底长出了长长的树根，深深地扎进了大地母亲的怀抱。请他告诉你，树根扎入大地的感觉是什么样的。

当孩子探索完自己与大地的关系后，让他想象风吹过他的"叶子"和"树枝"，鼓励他高举手臂，来回摇摆以找到中心。接着让他挥动手臂，感受自己就像优雅的竹子一样韧性十足。你可以让他向一边弯曲"树枝"，弯到自己的极限，留意在失去平衡之前离地面有多近。让他多次尝试，慢慢地找到自己的平衡点。

下面继续阅读这首诗：

或者，你可以像一条河那样纯净、自由地流淌，

从高山一直流向大海。

你的呼吸像一条河那样流过你的身体，

你感觉自己从头到脚都在颤抖！

现在，你与大地和天空相连，

它可能让你欢笑，也可能让你哭泣。

没关系，你可以随心而动……

你的树枝高耸入云，你的树根深入大地。

你的呼吸在体内流动，你听到它在呢喃，

现在，你已做好准备迎接生命中的一切！

建议：你可以播放不同节奏的音乐。孩子可以体验不同的速度和节奏，想象轻柔的微风和猛烈的风暴。先给孩子示范几种不同的动作，然后鼓励孩子创造属于自己的动作。确保孩子的脚与地面有良好的接触，让他将脚掌和脚跟平放在地板上，而不是踮起脚尖。如果孩子需要额外的支持，你可以用手轻轻地按压他的脚背，将他的注意力引导到小腿、脚踝和脚部，直到他与地面有良好的接触。如果天气允许，在户外的草地上进行"魔力树练习"会更有趣。一定要玩得尽兴！

关于逃脱的绘画练习

在无助时，逃脱（escape）是万能解药。每个孩子都应该感到自己有能力自由奔跑。这个练习将帮助孩子建立自信，识别并逃离可怕的情境。

当孩子感到安全后，你可以尝试下面的绘画活动：请孩子分享，在经历一个具有挑战性的事件后，他是如何找到安全感的？或者，你可以问他是如何逃离困境的？或者，问他是如何知道事情已经好转的？是有人帮助了他，还是他独自应对的？他是否能做些什么来帮助自己？他是如何向大人发出求助信号的？

让孩子专注于以下要素：

（1）孩子采取了什么行动来逃离危险或寻找安全地带，例如：移动到更高的地方，让自己看起来更显眼以便更容易被发现；让自己不那么显眼以便更不容易被发现；走路、跑步、躲藏、攀爬、踮起脚尖、呼救、僵住不动、大喊、保持安静、屏住呼吸、制订计划、拨打报警电话、等待、祈祷、爬行、挣脱、低头、护住头部。

（2）是谁或什么帮助了他，例如：兄弟姐妹、邻居、踢打的能力、尖叫或奔跑的能力、救援人员、树枝、对更高的力量的信仰、宠物、红十字会、运气、时间、医护人员、内在力量、绳子、保持安静的能力、朋友、快速转身、急救人员、救生衣、父母、身手敏捷。

现在，请孩子绘制他的"逃脱场景"，并对图画进行涂色。完成后，让他仔细地观察自己的画作，并找出自己最喜欢的感觉（例如：强大的、强壮的、幸运的、安心的、被爱的、被支持的、温暖的、勇敢的、骄傲的、敏捷的或聪明的）。最后，让孩子指出这些感觉出现在身体的哪些部位。给孩子足够的时间细细地品味这些感觉。当他这样做时，让他注意这些美好的感觉是否扩散到了身体的其他部位。

帮助孩子增强力量的诗歌和绘画

接下来的诗歌可以帮孩子们增强力量。孩子需要相信自己具有自我保护的能力（尽管在遭遇应激事件时可能无法启动这种能力），从而将创伤转化为积极的体验。在下面的诗歌中，敏捷兔（Rapid T. Rabbit）将帮助孩子调动天生的"逃跑"能力，激发孩子的力量，让孩子变得兴奋，并促使孩子释放成功逃离危险所需的关键能量。

你能跑多快？

草原狼查理先生正在寻找午餐，

他聪明机灵，闻到了肉香。

他静静地埋伏在高高的草丛里，

耐心地等待一只兔子经过。

敏捷兔小姐蹦蹦跳跳地沿着小路前进，

她停下来吃草、洗尾巴，然后开始打盹。

草原狼查理先生一跃而起，

试图抓住熟睡的兔小姐。

兔小姐行动敏捷，轻快地跳跃，

左闪右躲，最终藏进了树洞。

草原狼查理先生虽然聪明又强壮，

行动迅速，却只能空手而归。

你是否有过必须快速逃跑的经历？

你能感觉到自己的双腿及其力量和形状吗？

你拥有健康强壮的身体。

你可以跳得很高，也可以跳得很远。

感受你手臂的力量，它们随着你的奔跑而摆动。

感受你心跳的节奏和阳光的温暖。

感受微风拂过你的脸庞；它是否轻抚过你的发丝？

当你腾空而起时，感受你的双手和膝盖。

现在你已经到达安全的藏身之处，

深吸一口气，因为你赢得了比赛！

既然你找到了安全的地方休息，

现在你的腹部和胸口感觉如何？

请留意身体的各个部位是什么感觉，

获胜之后，你的感觉如何？

留意你的呼吸，感受空气的进出，

当感觉良好时，你甚至可以欢呼！

建议：上述诗歌可以加深孩子对克服创伤的两个重要因素——逃脱和安全的身体感觉——的认识。在这首诗歌的第一部分，给孩子一些时间，让他感受奔跑和跳跃（以及可能出现的其他动作，如低头、扭转、踢腿、左拐和右拐）的本能力量，从而深化这种力量感。让他假装自己就是那只兔子，忽左忽右地跑向安全的地方。

当孩子们将动作、力量与避免威胁的能力联系起来时，他们就会从内心深处建立自信。即使孩子处于压力之下，这种自信也不会消失，因为它已经成为一种自动化的"运动记忆"，就像骑自行车一样。为了加深这种记忆，在孩子花足够的时间练习奔跑和探索力量之后，请他画一张关于身体动作的画并进行涂色。如果他年龄太小无法绘制身体动作，可以让他画彩色的波浪线展示动作带给他的感觉。

在这首诗歌的第二部分，孩子有机会停下来体验在自己的身体里感到安全是什么感觉。下面我们继续进一步探索安全的感觉出现的位置：

你是否感受到了那股充满力量和温暖的能量？

你在哪里感受到了它……可以指给我看看吗？

当你感到高兴时，满满的幸福感会涌上心头，

你能告诉我在身体的哪个部位感受到幸福吗？

绘制安全基地

请孩子闭上眼睛，舒服地坐着或躺着。花点时间帮助他放松下来，引导他注意呼吸的节奏，感受身体的哪些部位是放松的、哪些部位是紧张的。让他尝试深吸一口气，然后缓慢地呼气，发出长长的"哈……"

的声音，重复一两次后再恢复正常的呼吸。当他看起来足够放松时，让他想象一个自己感觉非常安全的特别的地方。这里可以是他熟悉的某个地方，也可以完全来自他的想象。重要的是，让孩子按照自己的意愿打造这个地方。他可以添加毛绒玩具或真实的宠物；可以有懒人沙发或柔软蓬松的地毯和毯子；可以有舒适的椅子和枕头。孩子可以独自一人，也可以和外星人或者爱他的人待在一起。墙上可以挂照片、海报和艺术作品。他还可以拥有植物或朋友（真实的和虚构的都可以）。

当孩子打造好自己的安全基地后，请他想象自己在里面随意走动，对整个空间进行探索。随后，让他在空间里寻找一个舒适的地方休息。如果他找不到这样的地方，可以鼓励他发挥想象力创造一个出来。完成这些后，请他留意那些带来安全感的感觉，并准确地描述这些感觉在身体的具体位置。最后，在充分探索安全感后，请他将安全基地画出来并涂上颜色。

帮助孩子消除恐惧的感觉

如果孩子在打造、探索安全基地以及描述感受后仍深陷恐惧情绪，请他告诉你他在担心什么。引导他告诉你身体的哪个部位让他感到害怕，哪个部位让他感到安全。你也可以让他绘制两幅画作：一幅呈现快乐、安全的自己，另一幅呈现深陷恐惧状态的自己。如果恐惧感远超过安全感，请通过以下方式帮助孩子建立内在的安全基地：帮助他回忆感觉安全的时刻，展示令他安心的亲人的照片，给他喜爱的玩具或玩偶，拥抱、摇晃或者以任何能够引发孩子积极回应的方式安全地触摸他。你还可以指导他用枕头、被单或纸箱搭建藏身之处，或者陪他玩躲藏游戏。

这首诗歌的最后部分有助于消除孩子被困住的感觉。下面这些诗句提供了具体的建议：

请仔细留意自己指出和描述的身体部位，

它们带给你的感觉会改变，还是保持不变？

如果感觉没有变，不妨试试这个方法，

让困住的情绪自然地流动和释放。

（你也可以轻轻地闭上双眼一两分钟。）

看看这种感觉是否有颜色或形状，

请你仔细地看着它，就像在玩一场游戏。

你的感觉可能会在不同的身体部位间移动，

请看着恐惧慢慢地消散，没有留下一丝痕迹。

想象一下，你正在自己最喜欢的地方，

这个专属于你的特殊空间安静而安全。

你希望谁和你在一起？

你的妈妈、爸爸，还是小熊维尼？

你的哥哥、姐姐，还是你的狗或猫？

或者是苏斯博士以及他帽子里的猫？

你想被某个人恰到好处地抱着吗？

当被紧紧地抱住时，你可以放松地呼吸！

或者，你希望有个人在自己身边，

以防你濒临崩溃或需要痛哭一场。

有时，大哭一场会让你感觉更好，

就像大笑一样，只是多了些泪水！

建议：当孩子持续出现不适感时（如腹部疼痛或胸口发闷），你可以借助诗歌（以及相应的建议）帮助孩子释放这些感觉。让孩子睁眼或闭眼，专注地体会这些感觉一两分钟，然后轻声地问孩子，"痉挛""疼痛""痛苦""眩晕"或其他不适感是否有大小、形状、颜色或重量。问完后，留出充足的时间让孩子静静地感受和处理这些画面和情绪。接着，通过询问现在"疼痛"是什么感觉引导他回到当下。缓慢地推进这个过程，直到你观察到孩子的身体语言出现了微妙的变化（特别是呼吸和姿态变得更加放松了），这表明"困住的能量"开始流动。

当进行到诗歌的最后部分，询问孩子"你希望谁和你在一起"时，请认真地对待孩子的回答。花点时间确认他的愿望，探索他的情绪。及时评估并满足他的需求，尤其是要成为孩子的安全容器，接纳他的眼泪、愤怒、悲伤或恐惧，增强他的安全感。这意味着你要平静地倾听，并让孩子确信：你会一直和他所有的感受待在一起。你的任务不是"修正"孩子的情绪，而是给予孩子全心全意的关注，让他真实地感受自己的情绪，并自然地处理这些感受，让感觉和情绪顺其自然地流动和发展。

绘制过去、现在和未来

下面的绘画练习也可以防止孩子困在过去。这项练习旨在让孩子感受时间的流动。它也能评估孩子如何看待自己的未来。让孩子将一张大画纸纵向折成三等分，指导他在第一列写上"过去"，在中间一列写上"现在"，在最后一列写上"未来"，然后让他在对应的列里画三幅画，分别代表他过去的生活、现在的状态，以及他对未来的畅想。

如果这项练习用于年龄较小的孩子，可以适当地进行调整。你可以简单地向孩子解释："过去"是指坏事发生之前的事情，"现在"是指他们现在的感受和应对方式，"未来"是指明天可能是什么样子。你需要帮助年幼的孩子折好画纸，并写上相应的词。

如果孩子画的"未来"看起来很糟糕，与"过去"相似，你可以借助他描绘"现在"的画作来处理其当下的感受。询问他看这幅画时身体有什么感觉，引导他专注于这些感觉，观察它们是如何变化的。如果他感到不适，帮助他追踪这些感觉，用前面提到的方法来缓解不适，直到那些被"困住的能量"得到释放。当孩子感到愉快（或者至少可以承受当下的感觉）时，让他看看自己对未来的看法是否发生了变化。如果情况正在变好，就让他在另一张纸上画出新的"未来"。当他看着自己创作的最新作品时，让他留意并追踪正在出现的新的、更愉悦的感觉和情绪。在他准备好之前，不要急于让他感觉更好，要给情绪留出自然转化的时间。你越是专注，就越能追踪到孩子在黑暗森林中撒下的"面包屑"（就像童话《糖果屋》中的汉赛尔与格莱特兄妹留下的痕迹），帮助孩子找到回家的路（回归自我）。

第四章
特定情况的救助措施

人们普遍认为，灾难性事件或长期受虐会导致创伤。虽然这些事件确实更容易让人受到创伤的影响，但最终是否会导致创伤，取决于个体的神经系统如何感知、消化和处理特定情况。因此，即使经历了诸如卡特里娜飓风、战争、"9·11"事件或印度洋海啸等可怕事件，只要能够提供有效的情感急救，儿童的急性应激反应并不一定会发展为慢性应激障碍。

另一方面，一些看似平常的事件，比如孩子从沙发上摔下来、汽车与前车发生轻微碰撞，或者孩子做了常规的医疗手术，都有可能引发一系列严重的长期症状，甚至导致儿童的适应力丧失。这并不是因为这些事件本身有多可怕，而是因为孩子的神经系统尚未发育完全，所以容易被恐惧感压垮。如果没有及时地采取急救措施，这种恐惧感可能会在孩子心里留下深刻的烙印，进而影响孩子应对普通压力的能力。随着时间的推移，孩子可能会产生诸多问题，包括缺乏自信、承受挫折的能力较低，甚至产生严重的焦虑以及其他情绪和行为障碍，例如注意力缺陷多动障碍（ADHD）。

幸运的是，即使孩子遭遇不幸，作为父母，你仍然可以采取许多措施来帮助孩子保持自信、快乐和心理韧性。本章将指导你如何帮助孩子应对不可避免的意外事故、摔倒和医疗程序（这些都是孩子正常生活经历的一部分）；如何在孩子接受手术前做好充分准备，以降低创伤性反应的风险；以及如何运用一些及时的技巧帮助孩子避免被霸凌。虽然本章关于情绪急救的内容主要围绕上述压力情境展开，但你在本章学到的理念和技能具有广泛的应用范围，涵盖了以下各种情况，包括游乐场骑行、霸凌、撞车、看牙医、搭乘电梯、跌倒、从儿童餐椅跌落、接种疫苗、被水母蜇伤、踢球受伤、商场迷路、遭遇低谷、接受手术、财物丢失、争吵、滑轮滑摔倒、缝针、接受扁桃体切除手术、被伞戳到、遭遇火山爆发、目击暴力和被斑马咬伤。

事故和跌倒的情绪急救措施

事故和跌倒可能是最常见的潜在创伤来源。它们是孩子成长过程中自然而然的一部分。事实上，在婴儿成长为幼儿的过程中，学习走路必然会经历跌倒。正是从平衡到失衡再到平衡的过程促进了他们的成长。尽管跌倒和事故无法避免，但它们造成的创伤症状却可以轻松避免。请记住，即使没有造成身体伤害，在成年人看来微不足道的事情，可能也会惊吓到孩子。此外，如果孩子认为"没有受伤"或"不哭的大孩子"可以让父母放心，他们很可能会隐藏自己的感受。

当然，大多数跌倒并不会造成太大影响。当身体第一次感觉到失去平衡时，孩子往往会做出一些"杂技动作"来避免着陆时造成的疼痛。特别是当孩子没有受伤或没有受到惊吓时，小意外反而是一种礼物，因为它们为孩子提供了增强感官意识、练习"急救"和培养心理韧性的机会。这一过程类似于"接种压力疫苗"，可以帮助孩子为生活中的各种挑战做好准备。然而，有时着陆会很痛，甚至疼痛至极，可能会引发孩子强烈的恐惧反应。

以下"事故和跌倒的情绪急救指南"可能会让你感到有些熟悉，因为这与你在第二章学到的基础知识有重叠之处。这些"旧"内容是预防创伤的核心要点，适用于所有事件，而"新"内容则专门针对事故和跌倒。无论事故的严重程度如何，你都可以使用以下指南。毫无疑问，预防胜于治疗。

情绪急救的八个步骤

步骤一：首先关注自己的反应

（这一步虽然在第二章做过详细说明，但无论如何强调都不为过！）

花点时间留意自己的恐惧或担忧程度。接着，深吸一口气，缓慢地呼气时感受自己身体的情绪，直到你冷静到能够做出平和的反应。一个过于情绪化或过度保护的大人，可能会让孩子感到比跌倒或事故本身更多的恐惧。记住空乘人员的提醒：坐在孩子旁边时，"先给自己戴上氧气面罩"。

步骤二：让孩子保持安静和静止

如果出于安全考虑或伤口的原因需要抱起或移动孩子，请确保他得到了适当的保护。请抱着孩子——即使他能自己走，也不要让他随意走动。记住，他可能处于"休克"状态，并未意识到受伤的严重程度。当孩子体内的肾上腺素激增，让他保持静止可能十分困难。请用坚定、自信且带有权威的声音，以充满爱意的方式表明你在保护他，并且知道应该怎么做。你可以用毛衣或毯子盖住他的肩膀和躯干，让他保持舒适和温暖。如果孩子的头部受伤，在医生确认"没问题"之前，不要让他睡觉。

步骤三：鼓励孩子留出足够的时间休息和恢复安全

在孩子表现出休克的迹象（眼神呆滞、皮肤苍白、呼吸急促或微弱、茫然失措、情绪过度激动或过度平静，或者表现得像什么都没发生一样）时，休息和安全尤为重要。这时，请不要让孩子继续玩耍，可以给他示范放松、安静和静止的姿态，这样他就会知道应该怎么做。你可以说："跌倒后，坐着或躺着不动，直到受惊吓的感觉消失很重要。妈妈会一直陪在你身边，直到你感觉好起来。"平静而自信的声音会让孩子知道你最清楚应该怎么做。

步骤四：抱着孩子

如果你的孩子是婴幼儿，你可以抱着他。请用坚定而温柔、不会限制孩子的方式抱着他。要避免紧紧地搂抱孩子，也不要过度拍打或摇晃孩子，因为这样做可能会干扰孩子身体的自然恢复过程。对于年龄较大的孩子，为了在不干扰其恢复过程的情况下表达你的支持和安慰，建议你将手放在他的背部（心脏处）或上臂靠近肩膀的位置。一只温暖的"治愈之手"会让孩子感到踏实，因为你的平静会通过触摸直接传递给他。当然，前提是孩子愿意被触摸。

步骤五：随着休克的消退，引导孩子关注他的身体感觉

（步骤五和步骤六是对第二章的复习，是预防和治愈创伤的核心。）

恢复的语言是本能大脑的语言。你可以通过询问孩子的身体感觉来了解他是否有恢复的迹象，这需要时间和耐心。正如触摸很重要一样，你的语气同样很重要。你可以轻声问孩子"身体感觉怎么样"，然后以问题的形式重复他的回答："你的身体感觉还好吗？"问完后，等待孩子点头或做出其他回应。接下来要问更具体的问题："你的肚子（头、手臂、腿等）感觉怎么样？"如果他提到某种明显的感觉，温和地询问它的位置、大小、形状、"颜色"或"重量"。不必在意这些感觉意味着什么，重要的是孩子能够注意并分享它们。通过问题引导孩子关注当下，例如："现在，摇晃（辛辣、难受、疼痛、灼痛）的感觉变得如何了？"如果他年龄太小或太惊慌而无法说话，让他指出疼痛的位置。

步骤六：在问题和问题之间保持一两分钟的沉默

这对父母来说可能是最难的部分，但对孩子来说却是最重要的。

这有助于激活孩子的生理周期，促进剩余能量的流动和释放。留意这一生理周期结束的线索，这些线索包括停止哭泣、不再颤抖、伸懒腰、打哈欠、微笑或眼神交流，以及深长、放松且自如的呼吸。等待并且看一下是否会出现其他状况，还是这一生理周期确实已经结束了。请记住，在孩子的神经系统中，可能发生了许多你无法看到的事情。这就是为什么等待事情发生变化的信号如此重要。

步骤七：在初步急救时不要引发关于事故或跌倒的讨论

不要为了缓解你的焦虑或者满足你的好奇心，刨根问底地追问孩子这件不幸的事情。因为孩子被激活的多余能量需要通过休息加以释放，而讲"故事"会干扰这一过程，会在孩子需要平静时让他们更加紧张。正是在安静的等待中，孩子可能会不由自主地战栗、颤抖和打冷战，等这些感觉消退后，孩子便会迎来平静和放松的感觉。

当能量得到释放，孩子可能会想讲一个故事、画一幅画或者通过游戏重现事件。如果大量能量被激活，释放将继续。下一个释放周期可能不太容易被察觉，你不一定会注意到，但休息（而不是更多的谈话或玩耍）有助于更充分的恢复。当孩子的神经系统恢复到平衡状态时，他的身体可能会出现细微的抖动、发热、皮肤颜色发生变化等现象。

这些变化都是自然发生的。父母要做的就是提供一个平静、安静的环境，并通过一些有针对性的问题温和地引导这一过程。当家庭成员围过来问"发生了什么"时，维持一个安静的环境可能会变得很困难。你可以简单而礼貌地回答："现在先不要问……等你妹妹休息一会儿后我们再谈。"与孩子讨论事故的细节（或当着孩子的面讨论）可能会加剧神经系统的激活，为孩子增加不必要的恐惧，而这可能会中断自愈过程。如果兄弟姐妹想表达关心，你可以让他们效仿你的做法说一些安抚的话，比如："不要动，这样你很快就能恢复如初"，或者："哭出来没关系，小弟弟，这会让你感觉更好。"请避免使用羞辱性的话语，例如："我告诉过你在楼梯上玩会受伤！"当然，也不要使用评判性的话语，例如："你真是个笨手笨脚的孩子！"

步骤八：不断肯定孩子的身体反应

当孩子哭泣或颤抖时，不要试图打断他。相反，要与他保持连接，不断地提醒他：无论发生了什么，都已经结束了，他很快就会好起来。孩子需要继续释放能量，直到这一过程自行结束，这通常需要几分钟。研究表明，能够在事故后哭泣和颤抖的孩子，在恢复过程中遇到的问题更少。

你的任务是用平静的声音和轻柔的抚触告诉孩子："把那些可怕的东西抖掉是件好事。"关键是要避免打断或分散孩子的注意力，不要把他抱得太紧，也不要离他太远。

这个过程需要多长时间？

对于轻微的跌倒、事故和惊吓，上述步骤可能已经足够。这份急救指南可以在事故发生的地点立即实施。例如，如果孩子在人行道上滑冰时扭伤了脚踝，你可以拿一些冰和毯子，在孩子跌倒的地方（如果安全的话）实施这八个步骤。这些步骤可能需要 5~20 分钟，直到这一生理周期完成。在盖上毯子和进行冰敷后，孩子感到被照顾、温暖和安全，身体会颤抖。休息几分钟后，孩子的牙齿可能会开始打战，或者在如释重负地长呼一口气后开始流泪，这标志着这一生理周期的能量释放已经完成。

如果孩子遭遇的事故比较严重，需要送往医院救治，父母可以在前往医院的汽车或救护车上实施这些急救步骤。一旦孩子释放了一些多余的能量，你就可以为接下来在急救室或者医务室发生的事做一些铺垫。在为医疗程序做准备时，用词须谨慎。请使用适合孩子的简单而真诚的方式说话，对孩子进行积极正向的引导，例如，如果孩子需要缝合，要让他知道这虽然会导致刺痛，但会让"痛处"更快更好地愈合。和孩子讨论并练习如何将注意力从疼痛上转移开。例如，让他捏你的手臂，想象一下每次捏出来的"油脂"都会让疼痛像气球一样飘走。本章下面的内容"如何运用语言的力量抚慰和疗愈"，会帮助你选对时机，说对话。

通过触摸帮助受惊吓的孩子

在密切留意孩子身体反应的同时，你要特别注意给予孩子身体支持的方式，这样才能最有效地帮助孩子处理当下的反应。父母的触摸可能会帮助孩子走出惊吓，也可能中断孩子走出惊吓的正常过程，这完全取决于触摸的方式。如果你照顾的是婴幼儿，请稳稳地把他抱在腿上。如果是大一点的孩子，你可以将一只手放在他的肩膀、手臂或后背中部。大人的贴身照顾可以让孩子更有安全感，但注意不要抱得太紧，否则会妨碍接下来的能量释放。触摸的主要目的是向孩子传达以下信息：

· 安全和温暖：让孩子知道自己并不孤单。

· 与你的联结：让孩子感受到你稳定而专注的临在。

· 信心：让孩子确信你有能力帮助他全然地接纳自己的感觉、情绪和本能反应，在他走向释放与放松的过程中，你不会因自身的恐惧而打断这个过程。

· 信任：相信孩子与生俱来的智慧，允许他以自己的方式和节奏修复身体问题。

你的肢体语言比口头语言更重要。作为社会性生物，我们通过观察彼此身上的线索来判断情况的严重程度，特别是在紧急情况下。孩子们不仅会观察你的表情，更会依赖这些表情来获得安全感。具体而言，父母脸上的表情和肢体语言既能传递安全感，也可能引发恐惧。

如果你真的想成为孩子的定海神针，要尽量避免瞪大眼睛，这样可以减少不必要的恐慌。你要注意自己那些不由自主的反应，并通过练习让自己变得更加镇定。在现代生活中，有很多练习自我急救的机会，例如，在险些发生车祸后，你可以把车停在安全的地方，感受自己的身体反应，直到感到放松和释然。在目睹暴力事件、经历跌倒受伤、听到震惊的消息或遭遇其他压力事件后，都可以进行这样的练习。你甚至可以在看恐怖电影时做这个练习。

借助语言的力量抚慰和疗愈孩子

当突发事件不期而至时，我们可能会进入一种特殊状态。此时，我们特别容易受到周围人的语言暗示。同样，在需要麻醉的医疗程序中，医护人员会故意将儿童置于一种易受暗示的状态，巧妙地选择词语、时机和语气，以促进儿童康复。无论创伤事件的性质如何，这一技巧都适用。

在《最糟糕的时刻已经过去：如何用语言提供援助》（*The Worst Is Over: What to Say When Every Moment Counts*）一书中，阿科斯塔（Acosta）和普拉格（Prager）提供了很多"语言急救"的成功案例：要么挽救了看似无望的处境，要么止住了严重的出血，甚至避免了烧伤患者的疤痕增生[1]。我们知道，语言既能让人放松，也能让人紧张。它可以将平凡的经历变得浪漫，可以让血压下降或飙升，可以带来欢笑和喜悦，也可以带来悲伤和泪水。

以下清单是明智地选择用词的实用框架。你可以先用恰当的语气

---

[1] Judith Acosta, LCSW, and Simon Prager, PhD, *The Worst Is Over: What to Say When Every Moment Counts* (Verbal First Aid to Calm, Relieve Pain, Promote Healing and Save Lives) (San Diego, CA: Jodere Group, 2002).

向孩子传达"我理解你的感受"，然后说一些能达到以下效果的话：

- 向孩子表明你对发生的事情感同身受。
- 确保孩子感到安全和被关注，而不是孤独。
- 向他保证发生的事情已经结束（如果确实如此）。
- 通过引导他关注自己的身体感觉，帮助他将时间感从过去转移到当下，直到能量开始释放以及状态有所转变。
- 提醒他运用自身资源进行应对（阅读第三章关于资源的内容）。

当意外发生时，用简单、真诚的语言向孩子描述发生了什么。例如，在孩子跌倒后出现一个小伤口且流血较多时，你可以这样说："摔得这么突然，你一定吓坏了，是不是？伤口肯定流血了，让我们好好地清理一下。我会拿一块凉凉的布盖在上面帮你止血，这样你会感觉好一点。然后，你可以选择自己喜欢的创可贴。我知道怎么处理，所以你很快就能好起来。如果你愿意的话，可以帮我一起贴创可贴。"（对大一点的孩子，可以这样说："如果你愿意的话，可以自己贴创可贴。"）

处理好伤口后，注意观察孩子的身体反应，看看孩子是否出现了面色苍白、手心出汗、呼吸急促、眼睛睁大等症状。此时，孩子可能还有些发蒙，最好让他坐着或躺着。然后，你可以说："最难受的时刻已经过去了，你的伤口正在愈合。不过宝贝，你还没有完全缓过神来……爸爸会一直陪着你，直到这种感觉（颤抖或发麻等）消失。你可能会有点发抖、紧张或坐立不安……甚至可能突然想笑，也许还会流泪。我会陪着你（你可以坐在我的腿上），直到你的最后一滴眼泪（或紧张、颤抖）消失。然后，我们可以把发生的事情编成一个有趣的故事（如果孩子更喜欢画画，也可以选择画画），晚些时候讲给妈妈听。"

练习：体会语言的力量

语言不仅在说出的那一刻具有力量，在我们开放进取和脆弱退缩的时候，它们还会铭刻在记忆中。现在，花点时间回想一下那些造就你人生巅峰与造成你生活低谷的话语，你就能切身体会到它们的影响有多大，以及它们如何塑造了你的人生。

第一部分

动用你的全部感官，回想一位好心人，并用一两段文字描述他在你遭遇不幸后如何通过语言、触摸、姿势及动作来宽慰和安抚你。尽可能详细地回忆他说了和做了什么，以及他是如何让你感觉更好并恢复如初的。

找一个舒适的地方休息，回想你刚刚写下的内容，留意你现在的身体感觉。花点时间专注于感觉、情绪、想法和画面。当你沉浸在当下这一刻的体验中时，注意你的表情和身体姿势发生了什么变化，留意是哪些感觉让你知道这段记忆是愉快的。

做这个练习时，你的脑海可能会浮现出不愉快的经历。这是因为，大脑中掌管情感记忆的杏仁核也会牢牢地记住那些深刻的意外经历。无论愉快与否，强烈的体验都会被记录下来。

由于这些记忆烙印，你可能会回忆起那些被冷漠对待的时刻，而当时你真正需要的是大人通情达理的关怀。假如无法理解你处境的人是你的父母或其他至亲，这种伤害尤为深刻。如果你经历过这种情况，可以通过以下练习获得不同的体验。当你治愈了自己的创伤，就不太可能将应对创伤的惯用模式加在孩子身上，对孩子做出错误的反应。也许，这正是你阅读本书的原因。

第二部分

（1）动用你的全部感官，回想一位冷漠或迟钝的人，用一两段文字描述他在你遭遇不幸后如何通过语言、触摸、姿势及动作让你感觉更难受，而不是宽慰和安抚你。

（2）不必纠结于你刚才描述的不愉快经历，请通过想象"相反的"画面替换浮现在你脑海中的画面、语言、感觉或情绪。不要评判任何自动浮现在你脑海中的内容，请尽量扩展全新的、"相反的"场景，尽可能多地添加具有疗愈效果的细节。哪些语言、触摸、姿势和动作能带给你慰藉？特别是哪些事情能抚慰你、让你感觉更好并缓解过去的伤痛？

现在，请允许自己听到那些当年需要却未能听到的话，看到那些当年渴望却未能看到的举动——此刻，请用你希望养育自己孩子的方式对待自己。

（3）找一个舒适的地方休息，回想刚才新出现的疗愈性的画面，留意你现在的身体感觉。花点时间专注于感觉、情绪、想法和画面。当你沉浸在当下这一刻的体验中时，注意你的表情和身体姿势发生了什么变化，留意是哪些感觉让你知道全新的画面是正向的、令人愉悦的。要注意从成人的角度挖掘资源。

通过倾听和讲故事处理情绪

在更严重或更复杂的情况下，孩子可能会产生持续的情绪反应。无论是儿童还是成人，在发生事故或跌倒后——尤其是在同伴面前——常常会感到尴尬或难堪。如果事故导致财物、衣物或珍贵物品受损，他们可能会产生羞耻感或愧疚感；如果因此产生额外的医疗费用或其他开支，给家庭造成经济负担，同样会引发这些负面情绪。

在你完成情绪急救，并且孩子已经平静和休息后，请留出一些时间来讨论他对事件的感受——可以在当天晚些时候、第二天或孩子出现新情绪时进行。除了羞耻和愧疚，孩子还经常感到愤怒、悲伤和恐惧，你要帮助孩子理解这些情绪都是正常的。认真倾听并做出回应，让孩子确信你已听懂并理解。不要试图修正或改变孩子的感受，请相信，当父母或其他给予支持的成人陪伴孩子度过这段不安时光时，孩子的感觉会自行发生改变。这种支持不仅能让孩子暂时的不适变得可以承受，还能提升孩子承受挫折而不崩溃的能力。

根据症状直接处理事故和跌倒

你可以用大的软枕帮助孩子安全地练习跌倒。让孩子站在中间，周围放满枕头，你平静地跪在他旁边，双手温柔而坚定地放在孩子的脖子、肩膀、腰部或者其他方便你保护孩子的位置。用你的双手安全地支撑着孩子，温和地引导孩子慢慢地倒下。如果孩子的身体看起来很僵硬，或者他看起来很害怕，先暂停一下。告诉孩子你们要玩一个"摇摆和滚动"的游戏。最好先让孩子坐着，轻轻地左右摇晃，然后前后摇晃。为了让游戏更有趣，请孩子前后、左右地摇晃你，让你像不倒翁一样偏离中心再回到中心，以此示范给孩子看。你们还可以在枕头上滚来滚去（向前滚、向后滚，各种方向都可以）。接着，孩子可以开始练习"跌倒"，但每次跌倒的幅度不要太大。孩子可以先倒在你的手臂上，再倒在枕头上。

这类安全跌倒和安全着陆的"游戏"，可以帮助孩子形成良好的自我保护反应以及恢复信心。要想从跌倒事件中恢复，孩子需要重新建立内在的平衡反应。儿童健身球可以用来帮助孩子练习如何从平衡到失衡再到恢复平衡。同样，要在健身球的旁边放上软枕，以确保孩子安全着陆。让孩子睁开眼睛，双脚分开以形成稳固的姿势。轻轻地让孩子在健身球上左右摇晃，看看会发生什么。注意孩子是否会本能地使用手臂、腿和躯干来保护自己，或者是否依赖你来接住他。如果他有些紧张和僵硬，邀请他想象如果你不在他身边，他的身体会如何反应。继续探索和练习，直到他能够调动自己的身体反应为止。随着孩子变得更加放松和熟练，家长可以提高难度，让孩子闭上眼睛进行练习。一旦孩子感觉到要跌倒，身体的所有部位都会做好准备防止跌倒。即使无法完全预防，手臂、肘部、手腕、手、膝盖、腿、脚踝和脚也会通过各种姿势进行缓冲以减少伤害。孩子往下跌倒时，你可以接住他，让他像电影的慢动作那样往下跌。经过这样的"枕头游戏"训练，下次孩子跌倒时，就会自动地模拟这一连串的"芭蕾舞"动作。

如果孩子的恐惧过于强烈，需要与真实的跌倒情境保持一定距离，你可以先用玩偶或者孩子喜欢的毛绒玩具，创造与孩子的真实经历相似的场景，例如，大象巴巴尔从高脚椅上向后摔倒。玩此类游戏时，你可以参考第三章萨米的故事。当孩子进行角色扮演时，一定要仔细观察他的反应。要始终让他感到"我能做到"，你只需提供必要的支持即可。请逐步引导他轮流与毛绒玩具、兄弟姐妹、朋友或父母一起玩游戏，循序渐进地帮助他适应。

帮助孩子重拾自信的更多动物诗歌

如果孩子摔倒时受到严重的惊吓，甚至受伤过重需要就医，那么，你需要用更多的时间、耐心和技巧帮助孩子走出"僵化"或者"封闭"状态。重建孩子自信的最佳方式是循序渐进地鼓励孩子敞开心扉，步伐过快会导致孩子关上心门。就像第三章的自然和动物诗歌能够让孩子感到踏实、强大和安全一样，下面的诗歌也可以帮助孩子消除因害怕无法保护自己而产生的羞愧、害羞或自我怀疑。要让孩子知道，我们的动物朋友们也会产生与我们一样的感觉。

在下面的诗歌中，负鼠奥斯卡（Oscar Opossum）展示了"僵化反应"或"装死"是一种非常重要的生存机制。当孩子无法反抗、逃跑或者避免事故和跌倒时，这种反应可以起到保护作用。遗憾的是，无论大人还是孩子都认为这种本能行为是胆小或懦弱的表现。负鼠奥斯卡告诉孩子，"装死"不仅是正常的行为，而且在很多时候是非常明智的选择。

当孩子们听完负鼠奥斯卡装死智取草原狼查理的故事后，他们会有双重收获。首先，他们会认为"僵化反应"是积极和有力量的；其次，当他们看到负鼠奥斯卡能在"僵化反应"后自然恢复且毫不畏惧自己的身体反应时，这种认同将帮助他们以同样坦然的心态面对自己的应激反应，不再被恐惧或羞耻所困扰。当孩子经历这些不由自主的无助状态时，以上认知会让他感觉好一些。更令人欣慰的是，只要给予时间和耐心，难受的感觉终会逐渐消散——起初，孩子可能会有些许颤抖，但很快就能放松下来，甚至绽放笑容。

在下面的诗歌中，负鼠奥斯卡向孩子们展示了它如何通过暂时"僵化"来保护自己。当危险过去后，奥斯卡只需抖动身体，通过颤抖释放体内"沸腾的能量"，就能轻松地从这种与生俱来的防御状态中恢复过来。

负鼠奥斯卡

负鼠奥斯卡就像一只慢吞吞的小蜗牛，

他慢悠悠地走，以致所有动物都超过了他。

当他看到草原狼查理，因为无法逃脱，

他干脆蜷缩成一团，假装自己死了！

奥斯卡逃过一劫，你看，他静静地躺着，

不像兔子那样跑到山上去！

奥斯卡屏住呼吸，假装自己死了，

而体内所有的能量都在沸腾。

你能假装自己是蜷成一团的奥斯卡吗？

你屏住呼吸，感觉自己非常小。

你紧紧地抱着自己，又冷又孤独，

希望草原狼不会一口把你吃掉！

建议：和孩子一起假装你们被某个比你们更大、更快的生物追赶，问问孩子想被什么追赶——可以是老虎、熊、其他野兽或怪物。然后，你们停止奔跑，蜷缩成紧紧的一团，尽可能地保持静止和安静。因为你们隐藏得太好，或者看起来像死了一样，所以骗过了野兽。花时间静静地感受这个过程，尽可能长时间地保持不动，当你们最终放松、恢复呼吸、让全身肌肉松弛下来时，就能体会到一种释放和轻松的感觉。

这首诗歌的最后部分还附有问题，以帮助孩子探索"僵化反应"前后可能出现的正常情绪反应。

你还记得这种感觉吗？

你想逃走，但又不得不停下来。

你害怕吗？伤心吗？是否感到生气？

可以把你的感受告诉妈妈或爸爸吗？

建议： 在你读完上述诗歌后，孩子可能会敞开心扉，分享他的真实感受和想法。留出足够的时间让他分享。偶尔停下来，仔细观察和倾听孩子，表明你关心他所有的情绪表达。在肯定孩子的感受后，通过避免评价或纠正来让他感到安全，以帮助他更深入地进行探索。你可以问一些开放式的问题，比如："你还有其他感觉吗？"或者使用陈述句，比如："告诉爸爸让你感到害怕的其他事情。"或者简单地说："再多告诉妈妈一些事情。"

草原狼查理和负鼠奥斯卡的诗歌还在继续：

你不必害怕

负鼠奥斯卡不得不趴下不动，

但他体内的能量已经爆棚。

当草原狼查理终于离开时，

奥斯卡站了起来，抖了抖身子。

看呀，奥斯卡在颤抖，

看呀，奥斯卡在摇晃，

就像大地在微微地震动。

在颤抖和摇晃了一会儿后，

他感觉好极了，微笑着离开了。

草原狼已经离开，起来跑吧（小声说）。

但首先你可能会在阳光下颤抖和摇晃。

不久后，你就能跳跃、蹦跶、跺脚了，

或者在草地上玩耍，尽情地嬉戏。

感受血液流过你的心脏和胸膛，

现在你安全了，可以休息了！

建议：让孩子假装颤抖和摇晃，一开始可以夸张地表演这些动作。在做过一些有趣的活动之后，让孩子躺下休息，感受体内能量的流动。这有助于孩子感受到更多微妙的感觉，而这些感觉多半是愉悦且温暖的。

下一首诗歌《一碗果冻》（*Bowl of Jell-O*）非常有趣，旨在通过游戏的方式拓展孩子对内在感觉的觉察，为能量释放做好准备。

一碗果冻

请假装自己是一大碗果冻，

你是红色、紫色、绿色，还是亮黄色的呢？

现在，假装有人正在轻轻地摇晃你，

你开始颤抖、摇晃和扭动！

当你的手指颤抖时，感受你的心跳；

现在，感受身体的摇晃传到地面；

感受手臂的颤抖、胸膛的温暖；

不用太使劲，你已经做得很棒了。

感受腹部和腿部的震动，

让它像河流一样流动，

这是一种愉悦的感觉！

感受能量从头到脚的流动，

随着美好感觉的增加，

感受身体里的力量。

建议：你可以根据孩子的具体情况和需要创作诗歌（如果孩子的年龄足够大，可以和他一起创作）。类似的诗歌可以帮助孩子在不会变得过于害怕的情况下体验身体的感觉。通过增强身体觉知，孩子可以通过安全且有趣的方式释放恢复正常状态所需的能量。

处理交通事故的技巧

在孩子遭遇事故后，你可能需要让他重新接触（和"脱敏"）那些带有"刺激"的日常物品和场景。观察孩子在看到或提及相关事物时的反应，就能辨别哪些事故元素会引发痛苦的回忆。这种关联有时很明显，有时则较为隐蔽。

有时，那些"刺激"要等到孩子震惊和否认的阶段过去后，才会发展成明显的症状，这个过程往往需要数周时间。要注意缓慢地引入"催化剂"（activators），以免孩子受到进一步冲击。以下是一起交通事故的处理范例，适用于孩子不同的年龄段及多种情况。

在汽车事故发生后，可将婴幼儿的安全座椅搬到客厅。抱着婴儿，或者牵着他的小手，一起慢慢地靠近座椅，最终让孩子坐进去。这里的关键是要循序渐进，观察孩子如何反应，如孩子是否出现了身体僵硬、转身回避、屏住呼吸或心率变化等情况。每次缓慢地接近这个令孩子回避或恐惧的物品时，都可参照本章开头第四步至第八步的指引，要确保你的节奏与孩子的需求相一致，避免孩子一次性释放过多能量或情绪。若发现孩子变得过度紧张，可通过轻声安抚、触摸、拥抱或者轻轻摇动来稳定孩子的情绪。如果孩子有疲惫的迹象，应立即停止。我们无须一次完成全部过程。

用诗歌帮助孩子应对运动事故

当你以一种让孩子感到自己被理解的方式与其建立联结后，他往往往会更愿意接受你的启发和引导。这时，分享你或他人类似的经历可能会有帮助。另一个方法是创作故事和诗歌。比如下面的《多莉的故事》（ *The Story of Dory* ），讲述了一个女孩从自行车上摔下后受惊吓的经历。使用这个故事的一种方式是，将其作为你和孩子共同创作故事的起点或模板，根据孩子的年龄、需求和具体情况进行改编。另一种方式是将这个故事（以及类似故事）作为"评估"工具，父母可借此来判断某个事件是否给孩子造成了持续的痛苦。缓慢地朗读《多莉的故事》时，仔细观察孩子的反应，留意他说的话。他的眼睛是否睁得很大？他的身体是否变得僵硬？他是否会说"我不喜欢这个故事"并试图合上书？或者，他是否变得坐立不安、焦躁不已？如果孩子对多莉摔伤后的某些反应产生了共鸣，说明他很可能也有类似的经历并感同身受。当你察觉到这些反应时，请暂停讲故事，保持临在，作为平静的、不带评判的见证者陪伴孩子面对那些挣扎的感受，直到不舒服的情绪表达开始转变为释然。

读完故事后，你可以让孩子为故事配上插图，或者创作自己的图画故事。如果孩子的年龄太小，还不会画画，可以让他们通过涂鸦来表达自己的感受。给他们提供各种颜色的蜡笔或马克笔，并给他们示范如何画出不同的线条，如斜线、圆圈、锯齿、波浪线和直线，他们会自然而然地用画笔描绘内心的感受。

多莉的故事

坐下来，放轻松，我给你讲个故事。

故事的主人公是我的朋友多莉。

她在少年棒球队担任一垒手，

拥有一辆新自行车是她的梦想。

在她生日那天，她的梦想成真了：

她得到了一辆亮闪闪的蓝色自行车。

她跳上自行车，沿着街区飞快地骑行，

然后不小心撞上了一块石头。

车轮打滑了，她从座位上飞了出去，

重重地摔在了马路上，

发出"砰"的一声巨响。

她看到自己的膝盖上满是鲜血。

她开始哭泣，却发不出声音，

她无法呼吸，身体变得麻木。

当注意到自己膝盖上的血时，

她像负鼠奥斯卡一样僵住了。

事故发生之后，她感觉很糟糕。

她感到伤心，又感到非常生气。

事故发生得如此之快，

她还来不及反应就摔倒了。

这不是多莉的错，但她很自责，

一想到自己的自行车，她就感到羞愧。

如果这样的事情发生在你身上，

你能告诉爸爸妈妈你会怎么做吗？

建议：花时间与孩子讨论他如何应对类似的情况。提醒他关于草原狼查理和负鼠奥斯卡的故事，问问他从我们的动物朋友身上学到了什么经验，以及提醒他任由感觉和情感在身体中流动很重要。

颤抖之后，你可以跳，可以跑，

可以像兔子一样躲起来，也可以在阳光下玩耍。

你可以踢，可以哭，可以笑，可以感受，

可以跳舞，可以唱歌，也可以做侧手翻！

创作治愈性故事的实用指南

本章的前半部分提供了分步指导，帮助你在事件发生后立即预防创伤症状。通常情况下，这些措施已经足够，但如果事件对孩子造成了严重的威胁，即使你竭尽全力，症状可能仍会出现。当你完成创伤急救后，如果孩子仍感到紧张不安，可以借助故事和绘画这类特别有效的工具安抚孩子。

在讲故事时，大人需要先以自身视角讲述事件经过，然后邀请孩子补充或讲述自己的版本。这时，起初沉默的孩子往往会主动"纠正"父母："不对，不是那样的！其实是……"当孩子情绪崩溃时，一定要找出某些需要处理的普遍元素，你可以在多莉的例子中找到这些关键元素，包括：

· 事故前的兴奋

（诗句："在她生日那天，她的梦想成真了"，"她跳上自行车，沿着街区飞快地骑行。"）

· 摔倒前的惊险时刻（能量调动阶段）

（诗句："飞快地骑行""撞上了一块石头""车轮打滑了"和"从座位上飞了出去。"）

· 事故的实际影响

（诗句："重重地摔在马路上"和"发出'砰'的一声巨响。"）

· 由此造成的身体伤害（如果有的话）和恐惧

（诗句："膝盖上满是鲜血。"）

· 僵化反应

（诗句："发不出声音""无法呼吸""身体变得麻木""像负鼠奥斯卡一样僵住了。"）

· 出现了复杂的情绪

（诗句："她感觉很糟糕，她感到伤心，又感到非常生气。”)

·出现了不可避免的内疚和羞愧

（诗句："但她很自责"和"一想到自己的自行车，她就感到羞愧。"）

·从崩溃的感觉和情绪中解脱出来

（诗句："颤抖之后，你可以跳，可以跑……你可以踢，可以哭，可以笑，可以感受。"）

·成功地解决了创伤性激活（traumatic activation）

（诗句："可以跳舞，可以唱歌，也可以做侧手翻！"）

大人常常对孩子看似过度激烈的反应感到困惑，但你必须认真对待孩子的这些反应。通常情况下，孩子是在表达早期未被解决的事件带来的困扰——这些事件被重新激活了。请把握这个处理创伤的机会，尤其是在近期事件唤起了孩子对过往经历（因其年幼、事件过于严重而留下创伤的经历）的回忆时，激烈反应更容易出现。我们的身体会记录并记住婴儿期和学步期的一切，由于前语言阶段的经历没有经过叙述，所以无法形成意识层面的记忆。但是，你会惊讶地发现，在孩子讲述的故事以及为表达故事而创作的艺术作品中，竟然会浮现出如此多的内疚、羞耻或忧虑。

使用故事的更多技巧

有时，最好在故事中使用虚构的孩子、动物或玩偶来代替自己的孩子，特别是当孩子比较年幼时。这样做可以帮他与事件保持必要的距离，从而减少恐惧感。在讲故事时，要逐步加入一些孩子感到害怕的内容，但每次只能加入一个元素。例如，如果孩子从楼梯上摔了下来，只要没有造成太大的困扰，就可以在孩子遗漏楼梯时加进去。仔细观察孩子，看看他是否对故事中虚构角色的反应和感受产生了共鸣。如果孩子感到不安，请暂停讲故事，帮助他处理由此引发的感觉和情绪。如果孩子感到焦虑，请按照情绪急救的步骤进行处理。例如，让他指出自己感到害怕的部位，并让他描述这些感觉的"颜色""大小"和"形状"。提醒孩子，你会一直陪着他，直到这些感觉和画面逐渐改变性质、形状和大小，并最终消失。如果遗漏了上面列出的关键元素，而这些元素对解决创伤至关重要，请将其补充到故事中。

如何预防医疗创伤？

为医疗程序做准备至关重要

一个很常见却经常被忽视的儿童创伤的来源是常规和紧急医疗程序。通过学习本节内容，你将掌握相关知识，从而能够与医护人员一起帮助孩子。这种合作可以显著减少侵入性医疗和外科手术给孩子造成的不必要的创伤。不过，在介绍具体的应对策略前，请先阅读下面这个令人感叹的故事。

泰德的故事

"爸爸，爸爸，放开它，放开它！求你别杀它，放开它！"

10 岁的泰德发出惊恐的尖叫声，像一只受惊的野兔那样从房间里冲了出来。泰德的爸爸一脸疑惑，他手里揪着一只一动不动的树鼩，这是他在后院捡到的，准备拿给儿子看。他认为这是一个很好的教育契机，可以教泰德了解动物是如何通过"装死"来求生的。他被儿子的激烈反应吓了一跳，他觉得自己的举动没有什么不妥，但他并不知道儿子将这一场景与一件尘封已久的往事联系在了一起。

在泰德 5 岁生日那天，家里的儿科医生（同时也是他们的挚友）来访。医生自豪地向大家展示泰德 9 个月时的照片，那是他在当地医院拍摄的，全家人都围上来观看。泰德看了一眼照片，然后疯狂地冲出房间，愤怒而恐惧地尖叫着。有多少父母也曾目睹孩子出现类似的莫名反应？

9 个月大的泰德因全身突发严重的皮疹被送往当地医院，然后被绑在儿科检查台上。在刺眼的灯光下，当动弹不得的婴儿泰德被医疗团队反复检查时，他不断地发出惊恐的尖叫。检查结束后，他被隔离观察 7 天。当一周未见泰德的妈妈来接他时，他竟认不出妈妈了。这位妈妈声称，儿子从此再未与她或其他家人建立情感联结。他无法与同龄人相处，变得越来越孤僻，最终只能活在自己的世界里。虽然这不是唯一的原因，但泰德 9 个月大时经历的医疗创伤，确实成了塑造"大学航空炸弹客"（Unabomber）泰德·卡辛斯基（Theodore Kaczynski）的人格的关键因素。这位后来向科技界和企业界人士寄送邮包炸弹的罪犯，或许在向那些击垮婴儿泰德的非人化的力量实施报复。

医院经历是潜在的创伤来源

如果缺乏适当的支持，儿童往往难以凭内在资源理解以下场景：刺目的无影灯、身体约束带、冰冷的手术器械、说着含糊话语的"口罩怪物"，以及药物导致的意识模糊状态。他们更无法理解为何会独自在恢复室中醒来，耳边只有监护仪发出的诡异的嗡鸣声、不断进出的陌生人员，以及来自邻床的痛苦的呻吟。对婴幼儿而言，这类经历带来的恐惧不亚于被可怕的外星巨人绑架和折磨。当我们了解了西奥多卡辛斯基在婴儿期遭受的医疗创伤，也就找到了其反对非人化技术的"圣战"（尽管完全错误）的逻辑根源。这个反社会的连环杀人犯，选择企业界人士作为邮包炸弹的目标，并深入地思考了其背后的意识形态（他在丛林小屋里留下了大量手稿），却未意识到这些毫无戒备的受害者不过是同一台非人化机器的齿轮。这是一种徒劳无功、滥杀无辜和极其无能的泄愤行为，这种成年后的病态行为往往与多重童年创伤相关，如医疗创伤伴随父母分离或被父母遗弃 [1]。

不幸的是，这个故事并非仅此一例。太多父母都目睹了孩子在住

---

[1] 关于反社会行为与多重童年创伤关系的更多研究，详见 Ghosts from the Nursery: Tracing the Roots of Violence by Robin Karr-Morse and Meredith W. Wiley, New York: The Atlantic Monthly Press, 1997.)

院和手术后出现的疏离、孤僻、绝望和怪异等行为。证据表明，这些长期的行为变化与"常规"医疗程序引起的创伤反应有关。但是，确实如此吗？答案是肯定的。

这是否意味着，如果孩子在接受医疗的过程中受到创伤，就会精神失常或成为连环杀手？可能性很小。大多数遭受创伤的孩子并不会走向犯罪。相反，这些事件通常会被内化，形成所谓的"内化行为"（acting in），表现为焦虑、注意力不集中或者身体疼痛；也可能通过"外化行为"（acting out）表现为多动或者攻击性。让我们看看刊登在美国《读者文摘》（Reader`s Digest）上的一篇题目叫《一切都糟透了》（Everything is Not Okay）的文章。它讲的故事似乎更加"普通"，即一位父亲描述了儿子罗比接受膝盖"小"手术的经历：

> 医生告诉我一切都很好，罗比的膝盖已经没事了。但对这个男孩来说，一切都糟透了——他从药物麻醉的噩梦中醒来，在病床上拼命挣扎。这个男孩从未伤害过任何人，平时非常乖巧。此时，他瞪大双眼，眼神就像一只受惊的野兽。他捶打着护士，尖叫着："我还活着吗？"我不得不抓住他的手臂……他直勾勾地盯着我的眼睛，却没有认出我是谁。

可悲的是，这类事件屡见不鲜，常常造成本可避免的心理创伤。1944年，大卫·利维（David Levy）医生用大量证据证明：因常规治疗住院的儿童，常表现出与"炮弹休克症"（shell-shocked）士兵相同

的梦魇症状 [1]。然而，60 年后的今天，医疗机构才刚刚开始重视这一重要发现。面对每年数百万儿童遭受的不必要的医疗创伤，我们能做些什么来扭转局面呢？

值得庆幸的是，你无须等待医疗系统的改变。假如那位为儿子的膝盖手术感到沮丧的父亲能掌握你即将学到的知识，他本可以帮助儿子避免因令人崩溃的医院经历而产生的恐惧。医疗处置不当可能会使受创的儿童出现多种后遗症：噩梦缠身、过度活跃、惊惧不安、过度依赖、封闭自我、尿床，甚至出现冲动性攻击行为或暴力霸凌行为。其他孩子则可能长期受到头痛、胃部不适或抑郁的困扰。忽视（更糟的是完全无视）儿童的情绪安全，我们将付出沉重的代价。

如何帮助孩子为医疗过程做准备？

所有的孩子在治疗期间都渴望父母的陪伴，2000 年 6 月发行的《美国新闻与世界报道》（*U.S. News and World Report*）杂志的封面故事指出，这一点是所有专家的共识。但是，专家们对家长陪护的益处仍存有疑虑。医护人员往往不愿让家长参与医疗过程，这确实事出有因：情绪激动、要求过多的家长不仅会影响治疗的安全和效率，更可能加剧孩子的不安。

（1）D. M. Levy, "*On the problem of movement restraints*," American Journal of Orthopsychiatry, Vol. 14: p. 644 (1944). 221 222 Trauma-Proofing Your Kids.

在上述杂志文章中，温哥华不列颠哥伦比亚儿童医院研究儿童疼痛的心理学家莱奥拉·库特纳（Leora Kuttner）讲述了一个案例：她曾竭尽全力安抚一位即将接受腰椎穿刺的男孩，却始终无法缓解他对疼痛的恐惧。深知放松对治疗至关重要的她不断尝试各种方法，当所有技巧都宣告失败后，她环顾四周，才发现了背后正在上演的"闹剧"。这位心理学家回忆道："孩子的妈妈在我身后啜泣，无形中破坏了我们所做的一切努力，她传递的信息分明是：'宝贝，他们到底在对你做什么？'她的恐惧成了阻碍，彻底抵消了我们本可给予孩子的帮助。"

父母的陪伴确实有益，但前提是你自己不能显得很焦虑！在治疗过程中，家长需要安抚孩子，给予孩子慰藉，有时甚至需要转移其注意力。如果你忍不住落泪，反而会让孩子变得更加恐惧，而这恰恰会破坏治疗！（当然，正如我们之前提到的，在孩子受伤后、医疗程序开始前，哭泣确实能帮助孩子释放恐惧和惊吓。）

对医护人员而言，允许家长陪同可能是一个新概念，因为这或许与他们在传统的医学院接受的培训相悖，表面看起来似乎弊大于利。但如果你能保持镇定并提供有效的协助，医护人员自然愿意放宽限制，允许你尽可能地陪伴孩子。重要的是，你要能引导孩子，而不是在医疗现场指手画脚。如果你选择的诊所或医院允许家长成为医护团队的一员，共同为接受治疗的孩子的情绪健康而努力，回报将是巨大的。当统计数据显示患者的康复速度和满意度有所提升时，医疗机构的声誉也会随之提高；而住院时间的缩短和患者康复速度的加快，也可以降低医疗支出和保险公司的成本。对所有人来说，这都是一个共赢的局面。

儿童因手术和其他医疗干预而受到创伤的情况并不少见，因此，我们为父母提供了一些具体的建议，以缓解其带来的潜在的消极影响。对孩子而言，特别可怕的三种医疗程序是：被绑在检查台上（尤其是在已经受到惊吓的情况下）；在没有做好心理准备的情况下被麻醉；在恢复室醒来时不得不面对陌生的"口罩怪物"或独自一人。通过细致的准备工作，家长可以采取许多措施让孩子感到更安心。这些准备工作可以大大降低孩子受到的惊吓。

下面列出的系统性活动将帮助家长主动作为。它们是预防医疗创伤的核心措施。一旦你清楚了什么对孩子最有利，就可以与负责孩子治疗的医生或护士进行专业沟通。我们基于在手术前、手术当天和手术后你和医生需要做什么提供了以下建议。

手术前需要做的事

（1）选择对儿童需求高度敏感的医生和医院。并非所有医生和医疗机构都一样，所以，你要花点时间"货比三家"。在孩子烦躁或抗拒时，更要寻找一位和蔼、幽默、善于分散注意力和态度真诚的医生，而不是找一位与孩子对着干的医生。通过儿科医生的言行，你就能判断他是否能缓解（而非加重）孩子的焦虑。

优先选择有儿童社工的医院。部分医院还有特别项目，通过故事和角色扮演帮助孩子了解即将经历的治疗过程。在一些项目中，连最小的孩子都能在角色扮演室见到外科医生或麻醉师。由于医生未必了解这些项目，建议你自行调查，寻找愿意倾听家长意见、坚持以患者为中心的医疗团队。请记住，你才是消费者。

（2）让孩子对即将发生的事情做好准备。告诉孩子真实的情况，但不要透漏不必要的细节。当孩子知道即将发生什么时会表现得更好；孩子不喜欢医疗过程中出现的意外。如果你告诉孩子不会痛而实际上会痛，你就背叛了他的信任。如果孩子觉得连你都无法信任，他就会担心更坏的结果。据观察，在有工作人员引导儿童了解每个步骤的医院里，其恐惧感显著降低了。

（3）工作人员和家长可以提前安排时间，让孩子在医生换上手术服和口罩前，先见到穿便装的医生（特别是外科医生和麻醉师）。让孩子看到医生是帮助他的人，而不是外星怪物，这很重要！孩子也可以穿上医生的服装。如果这不太容易实现，可以让他给自己、洋娃娃或最喜欢的毛绒玩具戴上一次性外科口罩。

（4）如果医院没有为孩子准备的项目，或者即使有，你也可以让孩子穿上病号服玩"医院游戏"。可以让孩子给玩偶、洋娃娃或毛绒玩具穿上医疗服装，在家里玩"手术游戏"，提前演练所有步骤，包括躺在担架床上、接受注射和为麻醉做准备。大多数玩具店都有儿童医疗玩具套装，配有听诊器和注射用的"针头"等道具，可用来进行彩排。

（5）通过模拟意识的变化过程，帮助孩子为麻醉做好心理和身体上的准备。首先，你可以编一个与孩子的经历相似的故事帮助他做好心理准备。例如：当冬眠熊（Hibernating Bear）穿上手术服后，熊护士南希（Nurse Nancy Bear）给他戴上面罩，或者通过手腕静脉给他注射"特殊药剂"，又或者给他一杯药水或几片药丸，让他很快进入睡眠状态，这样他就能一觉睡到手术结束，不会感觉到任何疼痛。当冬眠熊醒来时，他感到非常奇怪。这和他早上在家里醒来的感觉完全不同，似乎需要很长时间才能醒来。他慢慢地从昏昏沉沉中清醒过来。然后，他开始寻找熊妈妈、熊爸爸或熊护士南希，还想吃点好吃的东西。（显然，父母需要向麻醉师确认孩子具体的麻醉方式，并尽可能争取获准在孩子苏醒时在恢复室陪伴；如果不行，则需要了解当孩子从麻醉状态恢复时，会有谁陪伴在他身边。）

对于年龄较大的孩子来说，父母可以使用小说中的角色，比如哈利·波特。哈利可能会注射"魔法药水"让自己入睡，这样他就能从斯莱特林学院带给他的巨大伤害中迅速恢复。或者，你也可以使用童话角色，比如睡美人。无论你选择什么角色，都要确保孩子能与角色产生共鸣，以及你们可以一起享受幻想带来的乐趣。

其次，帮助孩子为他可能会感受到的身体上的感觉做好准备。告诉孩子打针或静脉注射可能会有一两秒刺痛。你可以提前询问医生是否会使用麻醉霜。如果会使用，你可以向孩子展示药膏如何以及在哪里涂抹，并解释其目的是减轻不适。特别重要的是，要预先提醒孩子，药水或药片可能会让他产生漂浮感或旋转感。你可以帮助孩子提前适应这种感觉：让他躺下，通过慢慢地吸气和呼气进行深度放松。告诉孩子通过鼻子吸气，想象肺部像气球一样充满空气，然后空气慢慢地充满腹部。让孩子通过嘴巴呼出所有的空气，每次呼气时都从五倒数到一。一旦孩子平静下来，请让他假装自己漂浮在云上，感觉像羽毛一样轻盈。或者，让孩子想象自己正乘坐魔毯在天空中缓慢地飞行。如果孩子喜欢水，你可以让他假装自己正坐在游泳池的气垫或海洋中的木筏上在水上漂浮。

另一个重要的准备步骤是让孩子适应眩晕的感觉。你可以让孩子缓慢地旋转一两圈 [就像父母玩皮纳塔（piñata）游戏和"给驴子钉尾巴"（Pin the Tail on the Donkey）游戏时做的那样]，然后让他停下来休息，注意有没有什么异样的感觉。或者，如果你有转椅，可以让他坐着转椅慢慢地转一圈，看看他是否能忍受这种感觉。如果孩子难以忍受，给他时间平复一下。之后，可以尝试以更慢的速度转半圈，逐渐增加他对眩晕感的耐受力。

你还可以在很多平价百货商店购买有趣的旋转玩具，比如旋转陀螺（Spin Around）和星球转椅（Sit N Spin）这类玩具，孩子可以坐在上面自己旋转。这类玩具的优势在于，孩子能自主控制旋转速度和圈数，从而按照自己的节奏慢慢地适应。不过家长仍需注意，要避免孩子因玩得太兴奋而导致头晕和恶心。玩这些玩具的目的是让孩子提前熟悉可能会在医院感受到的眩晕感，避免因突如其来的不适而受到惊吓。

（6）确保进行局部麻醉。多项研究表明，在手术切口处进行局部麻醉（而非实施让人完全失去意识的全麻），能显著加快术后伤口的愈合速度，并大幅降低并发症的发生率[①]。遗憾的是，这种相对容易的操作程序仍不是常规做法，即使是做小手术，不进行局部麻醉而进行全身麻醉的情况也很常见。如果孩子接受的某个特定的手术必须进行全身麻醉，但同时给孩子进行局部麻醉仍至关重要，在手术日期前，家长应该与医生充分沟通麻醉的类型和方法。当然，如果能够单独进行局部麻醉，同时确保孩子不会感到恐惧，通常是最好的选择。

我们培训项目的一位毕业生在加州大学旧金山分校医学中心开展了一项小型的试点研究。她的儿科风湿病门诊患者需要接受一个极其痛苦（且需重复进行）的治疗程序，由于孩子们对这项程序感到恐惧，通常需要进行麻醉才能完成。通过运用前述方法，她发现，在不进行全身麻醉的情况下，孩子们对该程序的接受度显著提高，许多患儿甚至没有出现明显的抗拒行为。（关于该研究的更多细节，请参考第八章。）

手术当天需要做的事

（1）父母要和医护人员进行协商，以便在手术前后尽可能多地陪伴孩子。在使用术前药物时，如果父母能安静地陪伴在孩子身边，孩

---

① K. Yashpal, J. Katz, and T.J. Coderre. *"Effects of Preemptive or Post-Injury Intrathecal Local Anesthesia on Persistent Nociceptive Responses."* Anesthesiology (1996). C. Michaloliakou, F. Chung, S. Sharma, "Preoperative Multimodal Analgesia Facilitates Recovery after Ambulatory Laparoscopic Cholecystectomy," Anesth. Analg. (1996). S. I. Marshall and F. Chung, "Discharge Criteria and Complications After Ambulatory Surgery," Anesth. Analg. Vol. 88, No. 3: p. 508 (March 1, 1999).

子会表现得更好。如果家长能获准陪伴孩子从清醒状态过渡到"朦胧"状态则更好。

（2）绝不能让孩子在惊恐状态下被绑在检查台上或接受麻醉，这会在他的心理和神经系统中留下深刻的印记。父母应该安抚孩子，直到他平静下来。你也可以询问医生是否能抱着孩子。如果孩子必须被绑住，要向孩子解释原因，并一直陪伴着他，直到他获得足够的安慰和支持。恐惧加上无法动弹会使孩子陷入惊恐休克反应（terrified shock reaction），而这往往是造成创伤的根源！

（3）医护人员和家长需要知道，最理想的情况是，当孩子苏醒时父母可以在术后恢复室里陪伴孩子。千万不要让孩子独自在恢复室中醒来。如果没有熟悉的成人在旁安抚，许多孩子醒来时会感到迷茫和恐慌。在意识模糊的状态下，他们可能会以为自己已经死亡或遭遇了可怕的事情。家长和医护人员需要决定谁将在孩子醒来时陪伴他，并确保提前告知孩子。如果医院禁止家长在场，你可以要求医院安排一名护士或孩子已经见过的其他人员，在孩子醒来时给予其安抚。独自在术后恢复室醒来可能会让孩子感到恐惧，即使对成年人来说也是如此。

无论是谁陪在孩子身边，都可以通过轻声地告知他现在所处的位置和手术已经结束的事实，帮助他重新适应环境和找回时间感。如果孩子感到身体发麻，或者报告说他的身体感觉很奇怪，似乎有些变形，要让他知道这是术后的正常现象，并向他保证这种感觉不会持续太久。轻轻地触摸并按压孩子前臂的肌肉，可以让他重新感知身体的边界。

手术后需要做的事

（1）休息有助于康复，因此，要督促孩子将所有精力用于身体恢复。虽然保存能量很重要，但孩子们可能不理解这一点。如果他们想玩耍，应该让他们安静地玩，并且鼓励他们多休息。

（2）如果孩子感到疼痛，让他描述疼痛的感觉，然后找出身体不痛或疼痛较轻的部位。和孩子坐在一起，鼓励他轮流关注疼痛和不那么痛的部位，通常能缓解疼痛。你也可以通过和孩子一起哼唱、拍手或轻拍身体的某个部位等方式，帮助孩子分散对疼痛的注意力。你还可以建议孩子想象各种颜色的气球，气球会带着疼痛一起飘向天空，然后慢慢地消失，这也是一种有效的方法。

如何应对紧急的医疗程序？

（1）当迫在眉睫的危险过去后，比如你和孩子已经坐在救护车上，花点时间观察和评估自己的反应。给自己时间反思，提醒自己现在有办法帮助孩子；花时间平复自己紧张的心情，等呼吸平稳后再采取行动。保持相对冷静应该是你的首要任务。

（2）向孩子保证一切都会好起来，医生知道如何让他好转，会帮助他止血、止痛和固定骨折的手臂等。

（3）在医疗程序开始前分散孩子的注意力。你可以重述他最喜欢的故事，拿出他最爱的玩具，或者谈论他喜欢的地方（比如公园），甚至可以计划等他好转后一起去那里。如果孩子感到疼痛，你可以让他拍手、唱歌或者轻拍自己来减轻疼痛；或者让他指出身体的哪个部位感觉良好或疼痛较轻，引导他专注于该部位。让他知道哭泣是被允许的。

（4）如果孩子年龄足够大能够理解，可以告诉他在医院或诊所会发生什么。例如："医生会缝合伤口，这样你就不会流血了。"或者："护士会给你吃药或打针来止痛，这样你就会感觉好些。"

关于急诊室的特别说明

与医院的其他科室相比，急诊室往往会"制造"更多令人不安的经历。从本质上看，急诊室就充斥着紧张忙乱的氛围。我们经常接到这样的反馈：虽然手术很顺利，但在急诊室的经历却令人感到恐惧，留下了难以磨灭的印象。部分医院已经意识到，让孩子在候诊室和治疗室接触重伤的成人是有害的。我们建议每个家庭在紧急情况发生前，提前考察当地的医院（城市里通常有多家医院可供选择）。对于不同的医院在医疗质量和人文关怀方面存在的差异，你可能会感到惊讶。在为本书做调研期间，我们走访了某大城市相距不到 20 分钟车程的三家医院，其中一家完全处于混乱状态，许多成人正因家暴和枪伤接受治疗；另一家较为普通，有着舒适的候诊室，但排着典型的长龙；而令人欣慰的是，第三家医院在治愈孩子身体的同时，也注重保护他们的心理健康。

为了保护儿童免受成人患者的影响，该医院专门设立了独立的儿童候诊室和治疗室。儿童候诊室的墙上挂着色彩缤纷的壁画，里面还有一个大型水族箱，且完全看不到受伤的成人。与成人治疗室的病房布局不同，儿童治疗室采用独立的隔间，可以避免孩子们看到或听到其他患儿接受治疗时的可怕场景。这种做法并非出于经济考量，而是因为医护人员深知保护儿童免受不必要的痛苦的重要性。试想，如果20分钟的车程不会造成生死差别，在了解社区医院差异的情况下，你会选择哪家医院？除非是救护车直接送诊，否则，选择更合适的医院增加的驾车时间，往往远少于在候诊室的等候时长。

如何决定是否选择做手术？

不必要的手术完全可以成为另一本书的主题。许多曾被视为"常规"的手术，如扁桃体切除术和"弱视"矫正手术，现在都受到了质疑。在决定做手术前，请务必多方征求专业意见，以评估手术是否真的有必要。在此，我们不进行深入的剖析，但需要特别指出的是，有两种号称有益健康且常规进行的手术值得商榷：包皮环切术和剖宫产手术。请通过广泛阅读资料，并咨询支持和反对这两种手术的专业人士来权衡利弊①。

---

① 如果你正计划生育第一个或更多孩子，可参考《孩子眼中的创伤》（*Trauma Through A Child's Eyes*）一书，其中详细探讨了剖宫产手术、包皮环切术、健康产前护理及婴儿发育等议题。该书第十章还提供了相关主题的延伸阅读资料和参考文献。

对孩子的疼痛保持敏感

正如前文所述，请记住并非所有医生和医疗机构都具备同等的专业素养。许多儿科医生过于强调抢救生命或手术操作本身，而忽视了治疗对象的幼小和脆弱。绝不能纵容那种"速战速决"的态度——完全无视孩子正在经历的恐惧和痛苦。这种态度源于两种令人震惊的普遍谬误：一是认为婴幼儿不会感到或记住疼痛；二是即使他们能感到疼痛，也不会对他们造成长期影响！对于持怀疑态度的人，让我们通过一个名叫杰夫的男孩的手术经历，看看其造成的长期影响。

杰夫的故事

青少年时期的杰夫会收集被汽车撞死的动物尸体。他把这些动物带回家，用刀切开它们的肚子，取出它们的肠子。4岁时，杰夫因疝气手术住院。当麻醉面罩即将戴在他脸上时，这个惊恐的孩子拼命挣扎，以至于医生不得不把他绑在手术台上。手术后，杰夫似乎"崩溃"了。他疏远了家人和朋友，变得乖张、孤僻和阴郁。你还记得泰德的故事吗？正如他经历的医疗创伤很可能是导致泰德·卡辛斯基成为"大学航空炸弹客"的关键因素一样，上述可怕的疝气手术很可能也在杰弗里·达默（Jeffrey Dahmer）的成长过程中发挥了重要作用——他后来成了一名手段残忍的连环杀手。

为了理解儿子的行为，这两位男子的父母花了很多倍感痛苦的时间。他们目睹了孩子在住院和手术后出现的疏离、孤立、绝望和怪异行为[1]。种种证据表明，这些异常的行为变化可能与"常规"医疗程序引发的创伤反应有关。

值得庆幸的是，越来越多的医生、护士和医疗机构开始理解缓解疼痛对儿童和老年患者的重要性。目前已有部分医疗机构为老年患者提供姑息治疗（Palliative care）。很少有儿科医生会故意虐待儿童，但医学界对儿童疼痛这一事实的认知转变，直到十几年前才被研究人员"发现"！医生们曾深信，新生儿因神经系统未发育完全而感受不到疼痛，还普遍认为幼儿不会记住疼痛。因此，18个月大的婴儿在未使用麻醉的情况下接受侵入性手术的情况时有发生（这种做法在20世纪80年代中期仍然存在）。医生们也不敢对儿童使用麻醉剂，因为他们担心药物会导致呼吸和成瘾问题[2]。他们几乎没有意识到，残酷的医疗导致的创伤性疏离更可能是成瘾的罪魁祸首。

许多敏感的家长和专业人士长期以来抱有的疑虑，如今终于得到了科学研究的证实。2000年发行的《美国新闻与世界报道》杂志刊登的一篇文章指出：

> 婴儿可能遭受着双重折磨：一方面，他们的神经系统已经成熟到能够感受到疼痛；另一方面，他们尚未成熟到

---

[1] Peter Levine, *personal communication in interviews with both sets of parents.*

[2] Susan Brink, *"Soothing the Littlest Patients: Doctors Focus on Easing Pain in Kids,"* U.S. News & World Report, June 12, 2000. www.usnews.com.

能够产生足够的神经化学物质来抑制疼痛。即使儿童无法记住疼痛，这种感受仍会在生物层面留下永久的印记。《儿科与青少年医学档案》（*Archives of Pediatrics & Adolescent Medicine*）在 1998 年进行的一项研究证实，未使用镇痛药物接受骨髓穿刺的儿童，在后续治疗中（即便使用了止痛药）会承受更多痛苦。波士顿儿童医院疼痛治疗中心主任、儿科麻醉学家查尔斯·伯德（Charles Berde）表示："如果不及早处理（疼痛），后续情况会更糟。"[1]

换句话说，最初的"疼痛体验"会在神经系统中留下了深刻的（创伤性）印记，并会在以后的手术中被重新激活。本书第一部分介绍过创伤的生物学基础，读完后你会更加理解当儿童无法启动"战或逃"机制时最容易被压垮。更甚的是，从本质上看，对所有年龄段的人来说，医疗 / 手术程序都具有潜在的创伤性——当你被按住、任由陌生人摆布、在无菌手术室中承受前所未有的疼痛时，那种无助感会油然而生。在病痛和被伤害的双重夹击下，你被迫保持静止不动，这是呆若木鸡的典型体现，也是造成创伤的根源！让我们梳理一下，父母可以做些什么帮助孩子减少不必要的创伤。

---

[1] Susan Brink, *"Soothing the Littlest Patients: Doctors Focus on Easing Pain in Kids,"* U.S. News & World Report, June 12, 2000. www.usnews. com.

帮助孩子缓解疼痛的简单措施

· 在孩子做手术时，请务必要求医生在切口处实施局部麻醉。有些医疗机构甚至会使用局部麻醉喷雾对儿童注射的部位进行麻醉。请询问医生将采取哪些措施来减轻孩子的疼痛，并要求其进行局部止痛。

· 使用毛绒玩具和娃娃作为道具玩"医生和护士"的游戏，帮助生病的"小狗""宝宝"或"小熊"恢复健康。这是让孩子通过分散注意力来缓解自身疼痛的好方法。通过玩游戏，孩子有机会借助角色扮演提前熟知自己将要经历的事情，同时大人也有机会评估孩子的焦虑程度，以便给予适当的安慰。

· 教导年龄较大的儿童学习放松技巧。你可以借助相关音频指导孩子从头到脚进行放松。有些音频需要进行视觉想象，有些音频是手术专用的，会播放积极正向的指导语，以及能够对潜意识产生影响的音乐。还有一些音频会结合呼吸技巧对全身肌肉群进行系统的放松训练。

· 让孩子沉浸在幻想游戏和想象的旅行中，比如乘坐魔毯飞行，并想象自己把疼痛抛在了身后。这种方法效果显著。让孩子为脑海中的画面添加细节，这样可以使他专注于愉快的场景。

· 对于年幼的孩子来说，吹泡泡或玩毛毛球（Koosh ball）等分散注意力的方法可以缓解疼痛。

· 有些医疗机构会提供生物反馈疗法（Biofeedback）。你可以购买对温度敏感的"贴片"（当皮肤温度变化时会变色），如此一来，无须设备就能简单有效地帮助孩子加深放松状态。

为青少年的权益发声

星光基金会（Starbright Foundation）制作的系列视频为青少年提供了宝贵的资源，可以帮助他们了解住院期间可能面临的情况，以及如何获得最有效的支持。基金会还特别制作了一套视频，讲述了重返校园的艰难过程（针对需要长期住院治疗的青少年，如烧伤患者、囊性纤维化患儿、器官移植病人或癌症患者）。这套名为《态度》（*Videos with Attitude*）的系列视频① 以真实、理性、鼓舞人心的方式赋予青少年力量。其中，《难道我是微不足道的尘埃吗？》（*What Am I, Chopped Liver?*）这个视频可以帮助青少年了解医院生活的种种不便。它阐明了青少年患者的权利以及与医生沟通的方式，能够让青少年避免产生上述视频所描述的无助感。以下是关于青少年患者权利的摘要：

· 与医生直接对话。

· 与医生私下交谈（意味着父母不参与）。

· 被告知真相，无须"粉饰"。

· 自己决定想听和不想听的内容。

---

① 详见 www.starbright.org。

· 被当作人而不是物品对待。

· 表达自己的想法。

· 询问任何问题，包括医疗、社会、身体等方面的问题。

· 如果认为医生做得不正确，可以提出质疑。

· 了解医疗程序和即将发生的事情。

· 询问药物的副作用（并得到答案），例如是否会影响外貌或运动能力等。

· 如果不好意思开口，可以写纸条或者让父母向医生提问。

· 让别人知道你是否感到疼痛。

· 向别人倾诉你的恐惧、希望和其他情绪（不要把事情憋在心里）。

· 介绍自己的需求和个性，让医生了解自己的特点。

· 更换医生。

青少年经常抱怨，医生通常把他们当作一个物件或"病例"来看待，不向他们介绍自己，反而只跟父母说话，好像他们不存在一般。视频中的一位女孩表示，她非常信任第二位医生："他从我父母身边走过，握着我的手说：'放心，我会帮你渡过难关的。'"

在《破解医院生活》（*Plastic Eggs or Something? Cracking Hospital Life*）这个视频中，青少年可以了解到生病的青少年对医院生活的真实感受——刺眼的灯光、单调的服装以及其他无趣的事情，比如食物。一名青少年将医院生活描述为"战场和监狱的混合体"。该视频通过诙谐的方式描述了医院的各种场景，可以帮助青少年应对未来可能发生的事和不可避免的困难。视频中的青少年给出的最佳建议是什么？一定要带上音乐播放器和耳机，并准备好大量你喜欢的音乐；如果需要长期住院，还要带上自己的床单、枕头和衣物；要准备一个笔记本记录想问医生的问题；最重要的是："不要认为自己只是被动的接受者。这是你的生活——请主动参与到整个过程中。"

如何保护孩子不被霸凌？

可怕的校园枪击事件（这通常意味着又一个遭受霸凌、不适应环境的疯子夺走了无辜受害者和自己的生命）总是让我们感到困惑、害怕和愤怒，想知道这是否会发生在自己孩子的学校。不幸中的万幸，类似事件在一所学校发生的概率微乎其微。然而，在世界各地，几乎每天都有校园霸凌发生。

事实上，霸凌是如此普遍，以至于我们有时会错误地认为这是正常现象。儿童（尤其是男孩）之间的打打闹闹是正常的，但霸凌不是。要改变大环境中的霸凌现象并不容易，但你不仅可以防止孩子受到创伤，还可以帮助他"预防霸凌"。我们所说的"预防霸凌"是指防止自己的孩子成为霸凌者或受害者。

我们虽然对校园枪击案发生的原因知之甚少，但知道一些事实。

虽然霸凌者和枪手的特点差异很大，但他们都有一个共同点：深受焦虑、抑郁的困扰，并且缺乏正常的同伴交往。他们中的许多人曾被同龄孩子排斥、取笑和欺负。我们还知道，焦虑、抑郁和退缩往往是创伤未愈的表现。

众所周知，在家里感到无能为力的孩子通常会把愤怒发泄在弟弟或妹妹、邻居家或学校的孩子身上。就像多米诺骨牌效应一样，当老板把怒火发泄在员工身上时，可能会导致这位压力巨大的打工人将挫败感发泄在年长的孩子身上，而年长的孩子又可能将愤怒发泄在年幼的弟弟妹妹身上，弟弟妹妹则可能将情绪发泄在家里的宠物身上。同样，"霸凌型父母"也会养出"霸凌型孩子"。校园霸凌者往往是受过虐待或体罚的受害者。即使没有体罚，专制的"纪律"也会打压孩子成长的需求，从而滋生出折磨他人的欲望。我们需要赋予孩子一定的权力和自由，让他有机会做选择、做决定并实现自己的愿望。尤其是在玩游戏、没有危险和不会给别人造成困扰的时候，我们要多给孩子锻炼的机会。

下一章我们将讨论儿童的年龄和发展阶段，你将了解到，2~4岁的孩子开始进入能力觉醒期。特别是在4岁左右，他们开始制订计划、构思和创造，以及感受自己的身体能力。当父母为孩子的新能力和新技能喝彩，并给他们充分的"展示时间"时，会帮助孩子建立坚定的自信，而这种自信能够阻止霸凌者进犯孩子。霸凌者通常不会接近有清晰边界的、强壮的孩子，相反，他们似乎装有特殊的雷达，能精准地探测到那些柔弱和自卫能力较差的孩子。即使孩子智力出众，这种情况也经常发生，因为来自肢体语言的非言语线索会直接暴露孩子的羞耻感或脆弱性。你已经在本书中了解到，这往往是未解决的创伤带来的后果。通过身体觉知帮助孩子建立健康的边界、及早识别潜在的霸凌者以及预防创伤的发生，能够自然而然地让孩子具备"防霸凌"的免疫力。

要记住，霸凌事件中的无辜受害者往往是感到焦虑和抑郁的孩子，他们通常默默地承受着痛苦。虽然极端的个案非常少（值得庆幸），但最后，这些特殊的个案可能会因发展异常而爆发复仇的怒火，夺走自己和其他无辜者的生命。孩子越是擅长压抑痛苦，其最终爆发的风险就越高。因此，当家长发现孩子持续因羞耻、抑郁、焦虑或社交退缩而默默地承受痛苦且沟通无效时，及时地觉察并为孩子寻求专业帮助非常重要。

霸凌者的处境稍好。然而，尽管他们表面上很自信，内心往往隐藏着脆弱的自我。这种岌岌可危的自我建立在身体优势和对他人的威吓上。大人需要帮助他们寻找健康的宣泄渠道，以非暴力的方式展示其力量，并培养对他人的同理心。

最后一章设有"群体危机救助"专题，旨在指导社区在校园枪击或其他灾难事件发生时守望相助，并帮助成人和儿童共同应对这种严重的悲剧。

第五章

帮助孩子建立自信和健康发展

当孩子经历了可怕的事件，即便恐惧情绪已经消退，仍可能对孩子的整体发展造成持久的影响。即使没有令人崩溃的事件发生，儿童的成长"任务"也可能受阻。因此，大人需要理解并满足儿童各个发展阶段的需求，并了解健康发展包括情感和身体的双重健康。

如果父母在童年时期没有得到大人的支持，随着他们的第一个孩子从被动的婴儿成长为突然会跑会爬、对一切充满好奇心的幼儿，他们可能会感到焦虑和不安。当每天不得不与2~4岁的孩子进行权力斗争时，他们可能会感到束手无策。或者，父母可能会对5岁孩子表现出的"调情"（flirtatious）行为感到慌乱。而青少年的父母将不得不重新面对那些在幼儿期未曾完全解决的冲突和问题。

具备足够的知识和情感成熟度的父母不但能满足孩子的发展需求，也能设定合理的界限。这样的话，他们就不太可能培养出存在发展缺陷的孩子。情感成熟意味着保持开放的态度，愿意去识别并治愈自己早期的创伤。如果你的关键需求在童年时没有被满足——无论是因为你的父母缺乏技巧还是直接虐待你——你的孩子一定会触发你每一个发展阶段的敏感点。当你感到自己的情绪失控时，你可以选择踏上个人成长的道路，也可以选择陷入极可能导致家庭不和或精神崩溃的困境。幸运的是，选择前者将让你和孩子受益。

对婴儿做出回应：安全和信任

我们应该如何回应受到惊吓和不知所措的孩子，很大程度上取决于他们的年龄——或者更准确地说，取决于他们的发展阶段。

婴儿是最脆弱和娇嫩的生物。在生命的前六个月，孩子几乎事事依赖我们。如果没有我们的照料，他们的成长甚至生存都会受到威胁。例如，如果婴儿感到寒冷，他们几乎无法为自己做任何事情。事实上，如果父母不紧紧地抱着婴儿，或者用毯子、衣物包裹他们，他们可能会因此丧命。这正是他们的哭声如此紧迫的原因——他们必须向照料者传达一个信息：如果不及时回应，可能会导致死亡。或许正因如此，当我们无法成功地安抚婴儿时，会感到心烦意乱甚至绝望。然而，正如大多数父母所发现的那样（在经历了一番焦虑之后），他们能够通过跟随自己的本能和直觉感知婴儿的需求。我们还学会了凭直觉区分婴儿的哪些痛苦需要立即进行回应，并在半夜醒来时满足他们的需求。正是这种与生俱来的敏感性，确保了我们能够最大限度地减少婴儿的创伤，同时为这些小小的生命奠定心理韧性和安全感的基础。大人的抚育不仅给婴儿传递了一种基本的安全感和信任感，还为他们下一阶段的发展做好了准备。

学步儿的需求："我自己来"

9 个月大的婴儿会自主地表达自己的基本需求。例如，新生儿如果平躺或趴着，无法自己翻身时，必须通过哭喊让父母抱起他们。相比之下，9 个月大的婴儿能够在一定程度上独立行动。他们不仅能够翻身，还能够爬行，甚至可能会借助家具迈出独立的第一步。随着这种能力的出现，这些稍大一点的婴儿开始抗拒被父母紧紧地抱住。大约在这个时候，你会看到婴儿的身体挺直，用力推开母亲的胸部，仿佛在说："嘿，妈妈，别抱得这么紧，给我一点空间！"

从 9 个月到 2 岁，孩子的整个发展历程驱使其身心走向独立和自主。因此，当 2 岁的孩子摔倒时，虽然也需要安慰和支持，但不像 6 个月大的婴儿那样需要全然的保护。2 岁的孩子需要更多的"空间"。这意味着父母应该给幼儿机会，让他们感受到自己具备恢复平衡、稳定和尊严的能力，同时也感受到大人赋予他们的安全感——在必要时，他们能够得到成人的支持和恰到好处的帮助。如果没有足够的空间让这种情况发生，处于这一发展阶段的孩子可能会感到窒息，并容易进入"可怕的 2 岁"。另一方面，在孩子发生意外时，如果父母心不在焉或者袖手旁观，这个阶段的孩子（由于年龄太小，还没有发展出较强的自立能力）可能会感到茫然失措、深受打击，甚至感觉自己被遗弃了。

在帮助孩子应对压力和创伤时，了解他们在不同发展阶段的需求尤为重要。关键是要给予孩子足够的支持，使他们能够自由地释放受惊时产生的能量，不要进行太多的身体干预，比如紧紧地抱住或抓住他们。这种过度的关注，可能会抑制幼儿在受惊吓时自然地释放能量的能力，也可能阻碍他们的自主性和自信心，导致他们无法应对这一痛苦的生理循环。

3~4岁孩子的"拉锯战"

当孩子长到3~4岁时，与世界互动的能力达到了新高度。与此同时，他们开始热衷于用没完没了的故事和图画，兴高采烈地表达自己对世界的全新体验。这是孩子精力极其旺盛的发展阶段，这个年纪的孩子对一切都充满好奇心。他们打打闹闹、推推搡搡，充满无限的生命力，时刻都在庆祝生命的绽放。他们比2岁的孩子更加好奇和灵活，时而逗弄小猫小狗，时而抱着大人的大腿，只是为了看看会发生什么。对他们来说，生活就是一场盛大而持久的"拉锯战"。毫不奇怪，正是在这个年纪，他们会直接面对大自然无情的法则，尤其是重力和惯性——他们会被玩具绊倒，在屋子里兴奋地尖叫着奔跑时会撞到桌子。这个年龄段的孩子会特别频繁地体会到"运动中的物体会保持运动"这条物理定律对他们的粗暴提醒！他们运动时可能会撞到门，更糟糕的是会撞到玻璃窗！

通常，这个发展阶段的孩子被认为"意志坚强"，因为他们正通过对抗和克服障碍来获得能力感。因此，这个阶段的任务是培养孩子的主动性、能力感和掌控感。然而，当他们遇到不可避免的挫折时，会感到好像被人拽住了双腿。当他们不堪重负时，会暂时失去决定其命运的技能——不仅难以把握当下的任务，还会丧失自我认知。如果大人也感到紧张，或者因为孩子表现不好而羞辱他们，只会让他们更加恐惧。

如果父母过度保护孩子，他会受到双重伤害：首先是受伤本身，其次是他会感到无力和羞愧。与此同时，如果我们完全放任不管，他可能无法平复情绪。毫无疑问，这对父母来说的确非常微妙而棘手，难以平衡。关键在于你要保持临在，平静而坚定地陪伴在孩子身边。这意味着你要与他并肩而立，而不是一边将他抱在怀里，一边哭喊着"可怜的孩子，看看你发生了什么"。

我们的孩子在做事时似乎毫无边界，因此可能会做出一些有潜在危险的事情，比如，戳姐姐的眼睛或者将手指伸进风扇和电源插座里。他们总是兴奋地骑着三轮车，开心地横穿街道去玩伴家玩耍。他们热情高涨，却严重缺乏危险意识。这个阶段的孩子确实需要父母设定明确的界限，而这正是羞耻感发挥作用的地方。从大约2岁开始，父母需要借助羞耻感引导孩子区分危险与安全，帮助孩子学习什么是社会可以接受的行为以及什么不是。

当你责备孩子时，他们的生理和大脑活动会发生深刻的变化。这种变化让他们感到非常糟糕，糟糕到他们不想再继续被责备的行为。孩子必须理解和消化这一规则，因为这是他们的生存之道。然而，与此同时，你不想让他们陷入羞耻感中。当孩子经常被责备时，这种可怕的羞耻感会变成习惯。扼杀活力和快乐的情绪有两种：一种是恐惧，另一种是羞耻。这里的诀窍是，父母要针对孩子不可接受的行为（他们做了什么）去责备他们，而不是对孩子本人进行人身攻击。你可以这样说："不，你不能骑着三轮车到街上，你以后再也不能这样做了……爸爸/妈妈非常爱你，不希望你受伤。"只有从你的语气和肢体语言中感受到你对他们的关心，他们才能从"羞耻"的体验中恢复过来。这种情感上的联结，更有可能强化你对孩子的行为所做的纠正。

这对孩子来说是一种完全不同的体验，因为他没有被愤怒、"受够了"的父母厌恶地扫地出门。为了掌握这种必要的教育技巧，在责骂孩子之前，父母需要先进行深呼吸，感受一下自己的身体。如果你能保持临在，那么，对羞耻感的合理利用将有助于增强孩子们不断增长的能力感，而他们的意志和热情也不会被压抑。在不破坏亲子关系的情况下健康地利用羞耻感，恰恰是避免孩子日后形成报复心理的有力武器。

在这个阶段，儿童的另一个发展"任务"是性别认同。因此，如果孩子长期遭受过度的羞辱，可能会发展出一种弥漫性的羞耻感。它的表现是对自己的性别感到不适，甚至会影响他们日后成长为青年男女时的心理状态。由此可见，不健康的、有害的羞耻感甚至可能导致性别混乱，以及深深的悲伤和不适。

4~6岁孩子的俄狄浦斯情结

除了性别意识与性别认同之外，4~6岁的孩子会对异性父母产生一种特殊的爱慕和依恋。这是一个正常的阶段。事实上，这种现象如此普遍，以至于希腊人在戏剧《俄狄浦斯王》（*Oedipus Rex*）和《厄勒克特拉》（*Electra*）中描绘了这一未解困境带来的不幸后果。在主流文化中，沉溺于这种童年幻想而无法自拔的浪漫主义者被认为具有"俄狄浦斯情结"（Oedipal Complex）[①]。

小女孩——尤其在 5 岁左右——通常会爱上自己的爸爸，小男孩通常会爱上自己的妈妈。再次强调，这是一个正常、健康的发展阶段。这个年龄段的孩子会与异性父母"调情"。当然，这并不是成人意义上的调情，而是这一阶段必要的练习。换句话说，孩子长成青少年后与同伴进行的调情行为，首先要在家里进行练习，因为这样做比较安全。这个阶段的小女孩可能会对父亲说："我爱你，爸爸。长大后我想嫁给你，和你生个宝宝。"

在这个敏感而脆弱的年龄，为了促进孩子健康地发展，父亲需要温柔地回应（并且真心这么想）："我也爱你，宝贝，但爸爸已经和妈妈结婚了。等你长大了，你可以嫁给一个特别的、只属于你的人。如果你愿意，还可以和他生宝宝。不过，我很高兴你是我的小宝贝，我永远是你的爸爸。"

然而，很多时候，父母可能误解了这种真正纯洁的"练习"行为，所以处理得并不妥当，使得孩子的成长受到了不良影响。也就是说，父母非但没有帮助孩子应对其刚刚萌芽的性意识，反而像恋人一样回

[①] 当然，在新时代的混合家庭中，孩子的发展阶段可能会有所不同。

应，在语气、行动或言辞中强调他们之间的"特殊"关系。例如，很多父亲会这样说："是的，我的小公主，我永远是你的王子——但让我们保守这个小秘密。"这样的轻浮调情可能会导致更深的尴尬和不恰当的回应。这些"追求"行为常常让孩子感到不知所措，也让父母感到害怕。这种恐惧会导致适当的抚摸和亲昵行为被压制，而它们对于孩子情感的成熟是非常必要的。

明确的亲子边界对健康的性发展至关重要。在父母温和的引导下，孩子应该接受现实而非幻想，从而在俄狄浦斯的斗争中"落败"而不是"获胜"。他们可能不愿意放弃这些浪漫的幻想，但他们不得不这样做。作为学龄前儿童，他们最好早早地接受这种失望，这样的话，长大后就不会成为浪漫的傻瓜，去追求遥不可及或者糟糕的伴侣。

青春期的心理发展：我是谁?

可以说，青春期发展对青少年及其父母来说都是一个非常艰难的过渡阶段。除了日益增长的社交需求，如归属感和融入更大的群体外，青少年还会重新经历两个早期阶段：自主性发展阶段（9个月到2岁半）和性意识萌芽阶段（4~6岁）。在小学时期，这两个阶段或多或少处于休眠状态。当青少年开始与父母分离且性意识觉醒，这种双重变化可能会给整个家庭带来巨大的焦虑和挫败感。此外，如果自主性和性意识在早期没有得到妥善处理，青春期可能会更加动荡。

在自主性方面，"可怕的2岁"可能会复仇性地卷土重来。那些在童年早期未能形成初步自我意识（尽管不成熟）的青少年，可能会采取极端的态度、冒险的选择和行为，以夸张的方式建立边界和标新立异。另一些因早期创伤或发展需求被忽视而受挫的青少年，则可能过于拘谨或封闭，不敢大胆地探索世界，对父母时而依赖时而拒绝。这两类迷失而困惑的年轻人，都容易陷入药物滥用和性放纵的泥潭。在这个阶段，他们比任何时候都更需要父母的引导。

那么，关心孩子的父母可以做些什么来帮助青少年呢？第一步是在孩子学步期就能认识到孩子的需求，支持孩子发展不断增强的独立性、好奇心和探索精神。帮助孩子发展自主性和掌控感永远都不会太晚，即使规则在学步期执行不力，现在仍然可以为孩子设定界限。随着青少年的责任感不断增强，父母需要给予他们更多的选择和自由。我们要灵活地制定规则，并且，随着青少年的成熟，要经常重新与他们协商。与其说是为孩子"制定规则"，不如说是设定双方都需要遵守的协议。当然，在情感上你越愿意倾听你的孩子，他就越希望赢得你的信任。你的角色是提供鼓励、安全、选择和指导。

对于那些在健康的性行为方面未能获得最佳发展的青少年（可能是因为遭受了性侵犯；或者因大人离婚、服兵役、死亡或被遗弃而与异性父母分离；或者仅仅因为在4~6岁时没有被父母好好地养育），我们仍然有机会弥补其成长中的空白。父母需要成为成年人，而不是青少年的同伴或朋友。通常，那些在童年时期遭受性创伤或者性发育不良的成年人，往往难以建立清晰的性边界，其亲子关系很容易出现裂痕。在单亲家庭和重组家庭中，需要特别注意确保边界不被逾越。孩子需要保持孩童本色，无须承受照顾单亲父母的情感健康这一重担。

青少年时期，孩子会重新经历早期的发展阶段，但会伴随着性意识爆发带来的荷尔蒙躁动（而非 4~6 岁时的懵懂情愫）。当父母面对的是一名花季少年或少女（容貌神似自己当年爱上的伴侣，甚至更加俊美）时，亲子关系面临的考验更加严峻。如果父母对自己的性生活并不满意，或者夫妻间缺乏健康的亲密互动，突然对子女产生的这种强烈的感觉可能会引发"乱伦恐慌"（incest panic）。尤其在父女关系中，父亲可能会以某种方式被自己的女儿吸引，以至于将这种感情付诸行动的可能性似乎真实而危险。出于恐惧，他会有意无意地突然切断与女儿的身体接触，变得疏离和冷漠。这种做法非常典型，此时女儿不仅会感到被抛弃，更会因刚刚萌芽的性意识和脆弱的自我认知而遭受打击。可悲的是，许多青春期少女在最需要父亲关爱的时候"失去"了它。

那么，该如何处理这些尴尬却常见的性感受呢？如果我们既不愿疏远孩子，又不想压抑这些"难以启齿"的感受，还有什么选择？如果这些强大的能量被压抑，它们会像火山中的压力一样不断累积，并暗暗地在家庭关系中造成紧张的氛围。这种功能失调的暗涌可能会导致成瘾和健康问题，包括饮食失调。如果以性的方式表现出来，这些冲突会变得扭曲，导致性冷淡和性生活混乱。与其否认，不如承认这些感受的存在及其正常性。这才是解决之道。

通过面对自己的感情，而不是否认和压抑，你就能驾驭这些力量。首先，当这些性感受出现时，注意它们到底意味着什么，尝试以不带羞耻、不加评判的态度接纳它们，将其视为人类共同拥有（或许普遍存在）的体验。接下来，允许这些感受像纯粹的能量一样自然流动。这股充满活力的能量既可以转化为创造力，也可以重燃或增进与伴侣的亲密关系。如果你能有意识地进行处理，这些冲突可以通过这种转化的方式在短时间内得到解决。运用你在本书中学到的身体感觉体验，让感觉作为生命能量在体内自由地流动。如果你发现自己在性的问题上仍深受困扰，请寻求专业帮助，以加强你对自身的约束。这样的话，你就能建立健康的边界，给下一代传递健康的性观念。

至关重要的是，父母要在孩子进入青春期前就坦诚地与他们谈论性话题，帮助他们建立明确的边界。这将使孩子更好地抵御群体压力，防范约会强奸（date-rape）和其他侵害的发生。鉴于防范性侵害（及早发现问题）的重要性，我们将在第六章对此进行更深入的探讨。

第六章
性侵害的风险防范和早期干预

除非你亲身经历过性创伤带来的巨大伤害，否则很难想象其造成的长期影响有多么复杂、混乱和多样。当侵害者正好是孩子信任甚至喜爱的人时，这种影响尤为深远。童真一旦被剥夺，将直接影响孩子的自我价值感、人格发展、社交能力和事业成就。孩子在幼年遭受的侵害会严重破坏其青春期及成年后的亲密关系。此外，被侵害的孩子往往会出现躯体症状、行为刻板、动作笨拙或体重异常增减，这是因为他们有意无意地通过"隔绝"他人来获得安全感。由于难以与自己的身体保持临在，他们往往沉溺于幻想世界——注意力涣散、走神、做白日梦以及解离（dissociation）。这些应对机制将孩子可怕的经历隔离封存，虽然能帮助他们生存，但若未被发现和疗愈，这些隐藏的创伤终将阻碍其健康成长。

本章的重点在于提高认识和做好防范，以及如何以赢得孩子信任的方式与他们沟通，让他们确信你有能力保护他们，从而愿意告知你需要了解的信息。本章将帮助你认识什么是性创伤，协助你在孩子感到安全的情况下保护他们，引导他们建立健康的边界，以及在现有家庭中营造健康的性教育氛围。如果父母能够主动创造机会与孩子探讨身体接触和性话题，他们遭受侵害的概率将大幅降低。此外，孩子需要父母帮助他们建立身体意识，并确信父母会始终相信并保护自己。

性创伤的症状

儿童遭受的性骚扰和性侵犯往往伴随着隐蔽性和羞耻感。此外，不到 10% 的侵害是由陌生人实施的。由于儿童通常是被自己认识和信任的人侵害，其症状往往与"背叛"带来的复杂影响相互交织——孩子们通常被要求对事件进行保密，甚至被威胁如果说出去就会受到人身伤害。

孩子因为害怕，通常不会告诉我们自己的遭遇。如果侵害者是权威人物，如父母、教练、老师或神职人员，孩子往往会责备自己。他们背负着本应属于侵害者的羞耻感。他们经常隐藏自己的痛苦，因为他们害怕受到惩罚、报复或担心别人不相信自己。可悲的是，这种情况经常发生。尽管孩子守口如瓶，但侵害事件仍有迹可循。如果你看到以下任何症状，请保持警惕：

·出现了不符合孩子年龄的性行为。例如：在公共场合自慰、模拟性交、对成人使用挑逗或性感的动作、进行法式接吻或触摸成人的私处。

· 突然拒绝、不愿意或害怕与某个特定的人独处，或害怕去某个曾经喜欢的地方。

· 与其他孩子疏远或交友困难（受侵害的儿童往往喜欢在操场上独来独往，或者紧紧地跟着可靠的大人，如老师、助教或辅导员）。

· 私处部位出现了疼痛、烧灼感、瘙痒或瘀伤。

· 出现了异常分泌物——可能是感染性病的征兆。

· 孩子间接地透露了一些信息。例如："我不想继续当祭坛侍童了。""吉尔爸爸穿的内裤上有泰迪熊。"

· 出现了尿床和吮吸拇指等退行性行为，睡眠和进食困难等症状。注意力不集中、多梦、沉溺于幻想以及其他形式的解离行为也特别常见。

· 性格发生改变，如易怒、情绪波动较大、过度腼腆，以及表现出羞耻感、内疚感或者讳莫如深的姿态。

注意：身体虐待或性虐待一般都需要专业创伤治疗师的介入。但无论孩子是否需要治疗师，作为父母，你都可以采取很多措施来预防和疗愈创伤。

除非以让孩子感到安全的方式询问，否则他们不会告诉任何人自己遭受过侵害。父母需要做好铺垫，赢得孩子的信任。他们需要让孩子明白以下几点：

·孩子可以对自己的身体做主，有权决定谁可以看或触摸自己的身体。

·如果孩子告诉你有人接触过自己，你会相信他们，而不是指责、惩罚或否定他们。

·他们的感受会得到你的理解（而不是被忽视），并且他们会受到你的保护，免受进一步的伤害。

·他们还需要知道，这绝不是他们的错。

性创伤的风险

性创伤的表现形式多种多样——从明显的性侵犯到隐秘的欲望，这些欲望通过成人不受控的性能量侵蚀了孩子脆弱的防线，让孩子感到恐惧和困惑。当父母自身存在未解决的性侵经历，或者缺乏健康性行为的榜样时，在涉及触摸、情感、边界和感官体验等问题时，他们可能难以在不传递恐惧和紧张的情况下保护孩子。父母甚至可能因为自身缺乏经验，内心无法感知到安全或者具有潜在危险的情境和人群，而回避与孩子讨论相关话题或者给孩子提供必要的保护。

即使有父母作为坚实的后盾，也没有孩子能完全避免性侵害的风险。事实上，根据 20 世纪 50 年代的保守统计，全球每四个人中就有一个人遭受过性侵害——其中许多是 13 岁以下的儿童。对于女性来说，

风险甚至更高 [1]。下次当你在超市购物时，不妨想想这个数据。如果你的孩子正承受着性创伤之苦，请务必寻求心理治疗师的帮助——最好选择一位在儿童性创伤治疗领域经验丰富的专业人士。

哪些孩子更容易受到伤害？

大多数父母、社区和学校课程都告诫儿童要提防"危险的陌生人"。可悲的是，问题往往不在于陌生人。除此之外，人们还存在其他一些误区，比如，认为只有女孩才容易受到侵害，以及大多数性侵犯都发生在青春期或青春期之后。尽管统计数据有所不同，但遭受性侵犯的学龄前儿童和学龄儿童数量令人震惊。

大约 10% 的性侵害发生在 5 岁以下的儿童身上 [2]；8~12 岁的儿童比青少年更容易遭受猥亵；30%～46% 的儿童会在 18 岁前遭受某种形式的性侵害 [3]。性创伤无处不在——无论文化背景、经济地位或宗教信仰如何，即使在看似"完美"的家庭中也并不罕见。换句话说，所有儿童都容易受到伤害,而大多数性侵者恰恰是你早就认识的"好人"！如果你想等孩子大点再讨论性骚扰的话题，或者你对这样的话题感到

---

① Alfred Kinsey et al., *Sexual Behavior of the Human Female*（Philadelphia: W.B. aunders, 1953）.

② *Children`s Hospital National Medical Center*, Washington, DC（www. safechild.org）, 2006.

③ Harborview Medical Center, *Harborview Center for Sexual Assault and Traumatic Stress* (Seattle, WA, 2006). www.depts.washington.edu/ hcsats/pdf/factsheets/csafacts.pdf. National Committee for Prevention of Child Abuse, "Basic Facts About Sexual Child Abuse."

难以启齿，我们希望这里的知识能增强你的信心，帮你尽早开始相关话题的讨论。

保密与羞耻的双重困境

儿童遭遇性骚扰后，往往还面临着保守秘密的压力。由于85%～90%的性侵害和错误的"越界"行为是由受害者认识并信任的人实施的，所以，创伤症状往往与"背叛"带来的复杂影响相互交织[①]。即使没有被明确警告（或威胁）要保守秘密，孩子们也常因尴尬、羞耻和内疚而保持沉默。天真的他们会错误地认为自己是"坏孩子"，背负着本应属于侵害者的羞耻感。此外，他们非常害怕受到惩罚和报复。他们常常为"背叛"家庭（或社交圈）成员而痛苦，并担心侵害者可能面临的后果——当侵害者是其依赖或深爱的家庭成员时，这种恐惧尤为强烈。

如果不是家庭成员，侵害者通常是熟人——邻居、年长的孩子、保姆、母亲的男朋友或重组家庭的成员，以及家人的"朋友"。还有就是，侵害者可能是具有社会声望和地位、担任导师角色的人，如宗教领袖、教师或体育教练。例如，英国广播公司（BBC）在2004年2月报道称，有4000多名神职人员对美国青少年进行了性侵，登记在案的案件高达11000起，此后还有更多的案件陆续被曝光。当侵害者通常不仅是熟人，

---

① Groth, 1982; DeFrancis, 1969; Russell, 1983. *As reported by the Children's Hospital National Medical Center*, Washington, DC（www.safe child.org），2006. Notes 223.

甚至可能是备受尊敬的人物时，除非你告诉孩子，否则他如何知道自己不会受到责罚？父母可以通过教导孩子信任并按照自己的直觉行事，而不是屈服于利用权力满足个人性欲的大孩子或者成年人，为孩子铺就安全之路。

什么是性侵害？

如果说性侵害通常并非"肮脏的老男人"用糖果诱骗孩子上车那么简单，那么它究竟是什么？简而言之，当任何人利用其受信任的地位、年龄或身份优势，使儿童在涉及性与羞辱的情境中陷入真实或感知到的无助状态时，即构成性侵害。换句话说，当儿童不得不被动地顺从他人意志，而无法选择自我保护或告知他人时，无论是否遭到了"强迫"，都属于性侵害或性侵犯。其形式可能包括：青少年保姆（teenaged babysitter）向孩子展示色情内容、医生对儿童的私密部位进行粗鲁的医学检查，乃至儿童被迫与父母或其他成年人发生性关系。虽然父母或继父母实施强奸的情况相对少见，但让儿童接触色情材料、要求儿童脱衣、观看或触摸裸露的生殖器，以及儿童在医疗过程中被粗暴地对待等情况却屡见不鲜。

如何降低儿童受侵害的风险?

· **建立健康的边界**:任何人都不能以我感觉不舒服的方式触摸、摆弄或观看我的身体。

· **帮助孩子培养良好的感官意识**:教导孩子相信自己"不对劲"的感觉,这种感觉可能是心生恐惧或心跳加速,这是在提醒他们情况不对,需要离开并寻求帮助。

· **教导孩子避免被诱骗**:教孩子用"感觉探测器"作为早期预警信号。

· **提供机会让孩子练习说"不"。**

· **教导孩子该说什么和做什么**:要让他们知道,他们应该对你毫无隐瞒,这样你才能保证他们的安全并帮助他们处理情绪。

让我们更详细地看看这些步骤:

建立健康的边界

詹姆斯·马歇尔(James Marshall)写了一本有趣的儿童绘本,讲述了两只河马的故事。一只河马叫乔治,另一只叫玛莎,它们是好朋友。他们互相拜访、一起玩耍,并在彼此的家里共进晚餐。有一天,玛莎正在浴缸里泡澡,惊讶地看到乔治正透过窗户偷看她,她非常愤怒!乔治对玛莎如此愤怒感到很意外,并深感受伤。他认为这意味着玛莎不再喜欢他了。玛莎向乔治保证她依然很喜欢他，并友善地解释道："乔治，我们是好朋友，但这并不意味着我在洗澡时就不需要隐私了！"乔治明白了。

这个绘本故事给我们示范了如何设定边界、清晰地进行沟通以及尊重他人的边界。父母需要以身作则展现良好的边界感，并尊重孩子的隐私需求（尤其要从孩子 5~7 岁时开始）。当孩子处于不愉快且无力保护自己的情境时，父母必须给予支持，这应该从婴儿期就开始。下面这个例子将帮助你理解如何提供这种保护：

小宝宝亚瑟每次被简阿姨抱时都会烦躁不安、弓起后背。为了不冒犯姐姐，他的妈妈只是说："好啦，好啦，亚瑟，没事的，这是你的简阿姨，她不会伤害你的！"

试想，这样的回应会给亚瑟传递什么信息？他会学习到：自己的感受并不重要，成人的需求永远优先于依赖者的需求。婴儿通过声音抗议和肢体语言向我们表达他们的感受。他们对父母的声音和面部表情非常敏感。正是这些关于尊重感受和触摸边界的互动塑造了孩子大脑的神经回路。无论出于何种原因，在简阿姨的怀中，亚瑟确实感到不安全或不舒适。如果他的"拒绝权"得到尊重，他就会明白自己的感受确实很重要，他有选择的权利，而且有成年人（在这个例子中是他的妈妈）保护他免受自己不愿接受的触摸。

亚瑟妈妈只要对简阿姨说几句得体的话，比如"简，要不晚点，亚瑟现在还没准备好让你抱他"，就能在婴儿新发展的自我意识中留下积极的印记。如果妈妈持续地给予亚瑟恰当的保护，他的大脑更容易形成促进自我保护反应的神经回路。在以后的生活中，这些保护机制可以保护他免受侵扰和侵犯。虽然这时候亚瑟的意识发展还不完全，但幼年时期形成的无意识身体边界将在青春期及以后的生活中发挥重要作用。

创伤是对边界的侵害，而性创伤会侵入孩子最深处、最脆弱和最私密的部分。因此，我们需要通过尊重孩子的个人空间、隐私和对身体的掌控来保护他们。父母要根据不同年龄和发展阶段的情况告知孩子们，他们不必为了取悦生活中的成年人而忍受"湿漉漉的亲吻"、坐在大人腿上以及其他自己不想要的关注。

孩子需要获得尊重和边界保护的其他领域

孩子会本能地模仿父母的行为，在如厕行为方面，父母完全可以利用这个特点。若能尊重孩子的发展时间表，发生在幼儿与父母之间的很多拉锯战和不愉快都能完全避免——小女孩会快乐地模仿妈妈的行为，自主地完成如厕训练，小男孩则会按照自己的节奏自豪地学会"像爸爸那样"小便。在这个重要的发展阶段，遵循孩子的意愿而非迷信所谓"时间表专家"的建议，可以避免造成不必要的心理创伤。

学习频道（the Learning Channel）曾播出一部纪录片，记录了一个多胞胎家庭面临的育儿挑战。这位妈妈正在训练几个年幼的孩子如厕（同时还要照顾 3 个年长孩子的需求），她将这项通常充满着耻感和尴尬的艰巨任务，转化成了令人兴奋的"成长仪式"。首先，她给每个幼儿配备了专属的训练用坐便器，强化了他们的个人空间意识；接着制作了一本全家共同装饰的"便便日记",用来记录谁在何时使用了坐便器。这种做法在家庭中营造了一种欢乐和互助的氛围:年长的孩子学会了观察弟妹的如厕信号,不仅会提醒妈妈,还会欢呼和帮忙,甚至有时会抱着弟妹去厕所!只要有一个孩子成功地如厕,其他孩子就会争相效仿。

我们并不是说你不能加快如厕训练的进程,但强迫一个还没有准备好的孩子使用厕所,是对他控制自己身体功能的权利的不尊重,而且会让他形成固化的思维模式,认为被他人支配是理所当然的。通过鼓励而不是强迫,你将帮助孩子发展健康的自我调节习惯,并让他对自己的身体产生自然的好奇心。在某些情况下,你甚至可以帮助孩子预防饮食失调、消化、便秘等问题,还可以顺带培养出快乐、幸福和自主的孩子。

帮助孩子培养良好的感官意识

如果你和家人一直在练习对身体感觉的觉知,那么你已经为第二步打下了良好的基础。在本书的前半部分,你学会了如何定位和命名身体感觉,然后对其保持长时间的关注,以体验感觉的变化。而要想防止儿童遭受性侵害,首先要与他们讨论不同类型的触摸,觉察各种触摸可能引发的不同感觉,并教导孩子在触摸令其感到不适、不安全、恐惧、疼痛,或者产生"肮脏"、神秘或不安的感觉时相信自己的直觉。当然,所有这些指的都是身体感觉。

一项在学校中进行的试点项目"明尼苏达州明尼阿波利斯市儿童

性虐待预防项目"（Child Sexual Abuse Prevention Project, Minneapolis, Minnesota）以简单直观的方式对触摸进行了分类和解释，将其划分为"好的触摸""令人困惑的触摸"和"坏的触摸"三类。该项目将"好的触摸"描述为感觉好像得到了什么东西。当被问及哪些类型的触摸让自己感觉良好时，孩子们通常会提到拥抱、抚摸动物、玩游戏、裹在柔软的毯子里、依偎以及爸爸妈妈的背部按摩等。"坏的触摸"包括打、推、扯头发、打屁股、带有攻击性的挠痒痒、触摸私处或胸部等——简而言之，就是任何自己不想要的触摸。

除了明显感觉"好"或"坏"的触摸外，还有一种可能会让孩子感到困惑的触摸。这种触摸可能让他们隐约觉得不对劲，也可能让他们感到害怕或不知所措，却因触摸他们的是自己敬爱的长辈而不得不默默地忍受。或者，它令他们感到困惑是因为，受到特别关注和拥有"独处时光"的感觉很好，但伴随的隐秘性又使他们深感不安。有时，触摸本身会同时让孩子感到愉悦和恶心，这种矛盾体验进一步加剧了他们的困惑。

教导孩子通过信任自己的感觉、直觉和困惑的情绪来识别危险信号，对预防性侵害大有帮助。在陷入危险处境前，他们可能会感到胃部不适、心跳加速或者手心出汗，这些反应让他们知道所见所闻或者被要求做的事情非常不对劲。这是一个提醒他们向可信赖之人寻求帮助的信号。有时，孩子的身体内部可能会发出模糊的早期预警信号，提醒他们事情"不妙"；有时，他们可能会莫名地感到羞耻、尴尬或者内疚；有时，他们可能会产生强烈的厌恶感，觉得非常恶心和想吐；

另一些时候，他们可能会因为感到麻木、无助、无力或者害怕而知道事情不对劲。提前演练应对措施特别重要，因为一旦孩子感到全身无力，将很难制订和执行行动计划。

无论如何，你都可以训练孩子：识别并信任他们的内在感觉；如果他们体验到任何不好、不舒服或者困惑的感觉，要立即寻求帮助（向你或附近可靠的人）；确信无论侵害者是谁，无论对方说什么，甚至威胁说如果泄露秘密会有什么后果，你都会相信并保护自己的孩子。

教导孩子避免被诱骗

除了训练孩子信任自己的"感觉探测器"作为早期预警信号外，还应教导他们识别需要规避的陷阱。同样，如果孩子能提前知道每个社区都存在一些有问题的大孩子或者成人，他们可能会试图利用自己，那么当真正遇到此类情况时，他们就不会那么容易"上钩"了，也不会过于责怪自己。

《不再有秘密：保护你的孩子免受性侵害》（*No More Secrets: Protecting Your Child from Sexual Assault*）一书的作者卡伦·亚当斯（Caren Adams）和詹妮弗·费伊（Jennifer Fay）建议，如果对方的要求让孩子感觉古怪、似乎会将他与其他孩子分开、违反家庭规则、涉及秘密、对孩子来说似乎是不劳而获的"特殊"恩惠……那么，无论对方是谁或者他看起来多么权威，孩子都应该拒绝这种要求，并将其报告给大人，争取得到大人的支持。

根据孩子的年龄给他们提供直接、明确的信息至关重要。你可以这样描述性骚扰：有人用让你感到奇怪、困惑或者不舒服的方式触摸你、看着你，或者要求你触摸他们、看着他们。需要强调的是，对孩子来说，说出具体的身体部位和可能会出现的情境，比含糊其辞更有帮助。例如，你可以这样告诉青春期女孩："有人可能会假装不小心碰到了你的胸部。"对学龄儿童可以这样说："也许会有年长的孩子、老师或者其他成年人想在洗手间触摸你的隐私部位。"要提供与孩子年龄、理解能力和所处环境相关的各种不同的例子。你可以对学龄前儿童这样解释："有人可能想紧紧地抱住你、用身体蹭你或者把手伸进你的裤子里。"同样，你越尊重孩子的边界，他就越能识别并向你报告不恰当的触摸行为。在本章后面，我们提供了一些增强边界感的家庭练习来强化你在这里学到的原则。

孩子需要了解"谁"是潜在的侵害者

当然，孩子们需要被告诫不要搭乘陌生人的车，不要接受陌生人提供的糖果、礼物等。他们还需要被告知，这个潜在的"危险人物"可能是隔壁邻居、亲戚、保姆、老师、教练、童子军领队、娱乐活动负责人、年长的兄弟姐妹或者神父。他们需要知道，有些人平时可能很友善，但有时也会做出伤害他人的事情。他们还需要知道，有些孩子（自己遭受过虐待）也可能成为性侵害者。

在为写作本章查阅研究资料时，令人震惊的统计数据之一是，有很大比例的儿童被年长的兄弟和青少年保姆侵害。"据估计，兄弟姐妹间的乱伦发生率可能是父女（子）乱伦的五倍。"[①] 这份资料还提供了另外两个统计数据：兄弟姐妹被侵害的平均年龄是 8.2 岁，而最常报告的首发受害年龄是 5 岁！这正是儿童充满好奇、天真率直且充满爱心的特殊年龄。来自《儿童青少年精神病学杂志》（*Child Adolescent Psychiatry Journal*）和《刑事司法来源统计》（*Criminal Justice Source Statistics*）的统计数据，打破了人们对性犯罪者的刻板印象——他们并不都是"肮脏的老男人"。报告称，犯罪者的平均年龄仅为 14 岁，而且，在所有年龄段的性犯罪者中，14 岁的青少年占比最高。"59%的儿童性侵害者在青春期就产生了异常的性兴趣。"青春期的荷尔蒙汹涌澎湃，青少年常常被他们新出现的性冲动和欲望所困扰。此外，他们也不了解性侵害会对年幼的儿童造成长期伤害。

孩子们还需要明白，试图侵害他们的人有时会使用暴力，但更多时候会采用诱骗的手段。你同样需要给孩子举出具体的例子，比如，知道你特别喜欢猫咪的保姆或者年长的孩子可能会说："如果你愿意坐在我腿上看这个视频，我就把我的小猫送给你（或者让你摸它）。"或者，你所在教会的神父可能会提议："你可以成为一名祭坛侍童，但首先让我们脱掉你的衣服，试试这些祭袍是否合适。"孩子们还需要知道，侵害者可能会警告他们不许说出去。如果有人威胁孩子必须保密，你需要告诉他们：恐吓他们的人做错了事，他们必须告诉你真相，这样你才能保护他们不受伤害。

---

① Vernon R. Wiehe, *Sibling Abuse: Hidden Physical, Emotional, and Sexual Trauma* (Thousand Oaks, CA: Sage Publications, 1997), p.59.

提供机会让孩子练习说"不"

为了培养孩子阻止他人对自己进行不恰当的、具有伤害性的、不舒服的或者令人困惑的触摸的能力，必须让他们在生活的其他领域先练习行使拒绝权。通过这种方式，拒绝的能力将成为他们自信心的自然组成部分，并烙印在其正在发育的大脑里。

当父母尊重孩子的喜恶，并尽可能地让他们做出符合其年龄的选择时，这一能力培养过程就会自然发生。比如，让孩子自主选择食物、衣物和娱乐活动。如果父母以"我是你妈妈（或爸爸），我说了算"为由，强迫孩子穿不喜欢的衣服或者吃讨厌的食物，而不是给孩子解释"这对你的健康有益（或有害）"，这就是不尊重孩子的表现。如果父母长期忽视孩子的感受、喜好、意见和情感，一味地把自己的意见强加给孩子，就会在孩子的意识中留下不可磨灭的印记，给孩子传递"父亲永远正确""权威不容置疑"的错误观念，同时教会孩子不相信自己的直觉。成年人经常通过以下言行强化这些印象："外面这么暖和，你怎么会冷呢？""别把花涂成蓝色，花应该是橙色的！"或者："等你长大了才能自己做主。"

当孩子们在这种专制的环境中长大时，就不能指望他们在面对压力、感到困惑或者害怕时突然对成年人说"不"（尤其是那些教导他们要为了成年人而把自己的感受放在一边的人）。这类孩子一旦被诱骗受到性侵害，最容易陷入长期的自责之中，感到羞耻、罪恶和孤立。相反，那些从小就知道自己的选择会被尊重、明白大人会保护他们免受他人侵扰或者粗暴对待的孩子，当察觉自己将要陷入危险处境时，更有可能坚定地行使说"不"的权利。

当孩子因为被一个他感到不安全的人抱起而哭闹时，父母对这种行为的关注就开启了设定边界的过程。父母一定要制止年长的兄弟姐妹或同学欺负、过度挠痒、拳打脚踢或啃咬孩子的行为。如果孩子因任何原因不想被拥抱或依偎，不要强迫或贬低他们。如果我们忽视或讥讽孩子拒绝触摸和设定边界的权利，他们日后如何学会自我保护？相反，我们必须尊重每个孩子非言语的"拒绝"，并给予他们练习说"不""停下""别这样"的机会。孩子天生就能感知到谁安全、谁危险，父母要相信并培养孩子的这种直觉，而不是试图改变孩子的想法。

由于侵害者往往是亲友或熟人，侵害通常会在长时间内分阶段发生。一般来说，早在实际的侵害发生之前，侵害者就有了猥亵的想法。下面这个故事说明了倾听孩子的心声是多么重要。

珍妮和谢尔曼舅舅的故事

8岁那年，珍妮开始对谢尔曼舅舅产生一种"奇怪的感觉"，但她不明白为什么。她喜欢和表兄妹们一起玩，但只有在他们来她家玩时，她才会更放松。如今她已经12岁了，终于明白了自己为何如此戒备。一次在舅舅家过夜后，珍妮回到家，情绪异常低落。第二天，她告诉母亲，当谢尔曼舅舅和孩子们玩"摔跤游戏"时，他把她按在地上，故意用身体摩擦她，甚至蹭她刚刚发育的胸部。

珍妮的妈妈不仅无视这个"危险信号"，还选择维护哥哥的声誉而非保护自己的女儿！她告诉女儿，谢尔曼舅舅"绝对不会做这种事，他是个好人，可能在玩耍时不小心碰到了她"。这位妈妈错失了一个重要机会：她本可以借此强化珍妮的直觉，通过开诚布公地与谢尔曼谈话来保护女儿日后免受侵害。她应该明确地指出谢尔曼舅舅的这种行为对外甥女造成的影响，确保他再也不会这样对待珍妮或其他孩子。此外，她还应该确保谢尔曼再也不能与珍妮独处。遗憾的是，她还错过了帮助女儿梳理情绪的机会，也没有教导她如果再遭遇类似情况应该做什么或者说什么。

相反，珍妮只能独自面对这些情绪。由于谢尔曼舅舅对自己做的事情，她对自己刚刚萌芽的性意识感到不安，甚至开始对自己的身体感到羞耻。与大多数未被正确引导的孩子一样，她认为一定是自己有问题，否则这种事根本不会发生。

在珍妮 16 岁那年，母亲因为车子送去维修，便请谢尔曼舅舅去学校接珍妮回家。当谢尔曼舅舅没有驶向珍妮家，反而开往山上时，珍妮大吃一惊。他说要带自己最疼爱的外甥女去吃汉堡。

吃完汉堡后，他们继续往山里开去。当车子停在一处偏僻的树林时，谢尔曼舅舅告诉珍妮，他一直非常"爱"她，渴望得到她，并问她是否愿意脱掉胸衣，这样他就能让她感觉"非常好"。珍妮完全不知所措地僵坐在卡车里。舅舅解开了她的胸衣扣子，对她进行了侵犯。

还记得珍妮早在 8 岁时就不信任谢尔曼舅舅吗？或许是因为他看她时的眼神太淫秽，让她产生了"恶心"的感觉；又或许她感知到了某种令她不适的强烈的性暗示。如果珍妮的妈妈教导过她"即便是家人有时也会做出伤害的行为",认真地对待女儿的直觉,认可她的不适并采取保护措施,珍妮就不会受到性侵害,而她也不会像现在这样——当深爱的丈夫想欣赏或者触摸她的胸部时,她都会感到痛苦。

教导孩子该说什么和做什么

就像你自然地教导孩子如何过马路、拨打报警电话、系安全带一样,你也可以教他们区分"好的触摸""令人困惑的触摸"和"坏的触摸"。然而,家长常常想当然地认为孩子能理解这些事情并知道如何应对,但实际上他们并不懂!在"教育谈话"之后测试孩子理解程度的一个方法是,让他们用自己的话复述你的意思。另一个方法是,根据孩子的知识盲点和年龄特点进行情景模拟演练。通过游戏和有指导的练习,孩子们会学到很多。

在《不再有秘密:保护你的孩子免受性侵害》中,卡伦·亚当斯和詹妮弗·费伊提供了四种不同的游戏[1]帮助孩子进行愉快的演练。以下内容改编自此书:

帮助孩子练习建立边界的游戏

如果……你会怎样做……

---

[1] Caren Adams and Jennifer Fay, *No More Secrets: Protecting Your Child from Sexual Assault* (San Luis Obispo, CA: Impact Publishers, 1984).

这是一个检验孩子的理解程度、帮助孩子通过预演应对各种情况的好游戏。全家人可以一起提出问题并想出不同的答案。以下是一些能激发孩子思考的问题：

· 如果你的自行车爆胎了，有人提出载你回家，你会怎样做？

· 如果一个霸凌者抢了你的球，要你跟他去车库拿，你会怎样做？

· 如果隔壁的新邻居问你能不能保守秘密，你会怎样做？

为孩子讲故事

你可以通过讲故事为孩子提供积极、具体的例子，展示孩子们如何采取行动并取得了成功。故事可以是这样的：

有一个小男孩，他的哥哥总是给他买好玩好吃的东西。但是，这个哥哥会躲在暗处突然跳出来吓唬他。小男孩不喜欢被吓唬，但他不知道该怎么办。有一天，他问爸爸是否曾感到害怕。爸爸说："有时候会。"小男孩问怎样做才能不害怕。爸爸问他是否有什么东西吓到他了，于是小男孩告诉了爸爸哥哥吓唬他的事。爸爸帮他想到一个办法：他可以告诉哥哥不要再这样做了，并且，如果哥哥还不停止，他会告诉爸爸。

面对面前进或"空间入侵者"

这个游戏可以帮助孩子理解自己的身体空间和边界需求。两个孩子面对面站立，彼此后退大约 5 米，然后缓慢地向对方走去，直到其中一人对这种越来越近的亲密距离感到不适。此时，他们可以指出或者说出身体的哪个部位感到不适，并描述这种感觉。接着，鼓励他们通过动作、声音或者语言告知对方不要再靠近了。让孩子反复练习，直到他们的肢体语言明确地传递出拒绝的信号。

一开始，孩子们可能会嬉闹推搡，但他们可以指出让自己感到不适的距离，从而保护自己的"空间"。你还可以让他们以并排、背对背站立或者从不同的角度相互靠近的方式玩同样的游戏。在孩子们互相探索身体边界之后，他们也可以选择与合适的成年人一起练习。成年人可以扮演不同的角色，比如先假扮陌生人，再假扮熟人，最后假扮父母或者邻居等非常亲近的人。这个游戏能帮助孩子快速识别他人是否侵入了自己的空间，从而强化他们对自己身体信号和本能直觉的觉察和信任。

说"不"的游戏

这个游戏可以帮助孩子提升在需要时说"不"的能力。

列举一些可能会促使孩子违背自己意愿的常见规则，例如：

· 对人要友善。

- 不要伤害他人的感情。

- 不许没礼貌（别人问话必须回答）。

- 你有责任照顾别人。

- 在考虑自己的需求之前，优先考虑他人的需求。

- 不要质疑大人的权威。

- 必须听保姆的话。

这些"规则"意味着被安排、被讨论、被认可，容易让孩子在关键时刻失去力量。每个人都可以选择在何时遵循这些规则、何时说"不"，孩子也可以。

练习说"不"

首先让两个孩子或者一个孩子和一个成年人一起练习，轮流假装提出要求。开始时孩子只需简单地回答"不"，对方必须接受。随着孩子越来越熟练，可以逐渐增加难度，比如问孩子："怎么了，你不喜欢我了吗？"然后观察他们的反应。请务必让孩子有机会对大人说"不"。

你可能会惊讶地发现孩子是多么容易"屈服"于成年人的要求。他们认为不这样做就是刻薄、不听话或者不尊重对方。这个游戏可以帮助你评估在面对潜在的侵害时孩子可能会怎么做，并让你有机会帮助他们练习自信而坚定地说"不"。

我们要帮助孩子克服面对比自己高大、强壮或者有权威的人时习得的身体无助感。除了上述游戏，有组织的体育运动、武术、健身练习、追赶游戏、掰手腕以及其他活动（如专门为孩子设计的"模拟抢劫"课程），都可以增强孩子的身体能力感，帮助他们消除无助感。

如何让孩子对你说出发生的事？

在《白天的美利坚小姐》（*Miss America By Day*）一书中，玛丽莲·范德伯（Marilyn Van Derbur）提出了一个问题："孩子们把事情说出来安全吗？"她自问自答："前提是你和我确保孩子安全。"她这句话是什么意思呢？她接着引用了研究数据，指出首次遭受侵害的孩子的平均年龄是 5~6 岁，那些在 18 岁之前把事情告诉父母的孩子遇到的负面反应（有些人会同时遇到多种反应）如下：

· 生孩子的气（42%）。

· 责怪孩子（49%）。

· 忽视孩子反映的情况（50%）。

· 变得歇斯底里（30%）。

尽管这可能令人难以置信，但孩子们确实选择了守口如瓶。作为一名学校心理学家，我可以证实这一点：无数孩子告诉我，我是他们第一个倾诉秘密的人！孩子们通常害怕责备和惩罚，我经常听到的回答包括："如果她知道会杀了我！""我妈妈 / 爸爸只会说我在撒谎。""反正她什么也不会做，因为她不想惹他不高兴。""他会说这完全是我的错。"

好消息是，你可以在家里营造安全的氛围，这将给你的孩子带来巨大的益处。另一项研究证实了这种好处："那些在遭受侵害后立即或者很快告知他人并得到信任和支持的孩子，出现的长期创伤症状相对较少。而那些没有说出来（通常是由于恐惧或羞耻），或者说出来后遭到否定、指责、怀疑或嘲笑回应的人，则被归类为重度创伤。"[1]范德伯女士写道，当她刚开始为儿童权益发声时，她制作了写着"相信孩子"的车贴，并贴在了数百辆车上。

要提高孩子向你倾诉的可能性，你需要做到：在学龄前就教导他们什么是不适当的触摸；让他们明白这绝不是他们的错；教导他们应该在何时以及如何告诉你或者其他可信赖的成年人；提前让他们知道你会相信并保护他们；让他们明白你绝不会拒绝或者惩罚他们。换句话说，要为孩子创造一个安全倾诉的环境！

约会强奸及其他青少年问题

那些早期有未解决的性创伤，或者在个人隐私、边界和性方面缺乏健康榜样的青少年，在开始约会时可能很难意识到个人安全问题，更不用说进行防范了。

如果他们的感受、意见和权利被父母、祖父母或兄弟姐妹忽视或

---

[1] Jan Hindman, *Just Before Dawn: From the Shadows of Tradition to New Reflections in Trauma Assessment and Treatment of Sexual Victimization* (Lincoln City, OR: AlexAndria Associates, 1989), p. 87.

否认，这些青少年——他们可能从未在家里练习过说"不"（并被尊重）——在约会、与男生独处、在漆黑的夜晚坐在汽车里，甚至在光天化日之下身处高中校园时，就很容易遇到麻烦。

不幸的是，高中和大学里的约会强奸屡见不鲜。美国一项具有里程碑意义的研究报告称，四分之一的女大学生是强奸或强奸未遂的受害者[①]。家长需要与青春期前后的子女保持持续对话，了解孩子在不同情境下对可接受与不可接受的行为的认知。不要想当然地认为青少年在荷尔蒙躁动时能做出清醒的判断，也不要因为他们突然拥有了成年人的体格就认为不再需要你的引导了。在这个人生的关键阶段，青少年往往比任何时候更需要你的引导。

转变观念才能与年轻的一代共鸣

我们生活在一个性价值观和性行为十分多元的时代，为之感到困惑和苦恼无济于事。人们常常忽视一个事实：性能量与生命能量在本质上是一回事。那些对生活充满热情的人身上迸发出的创造力能鼓舞和振奋人心。这是一种积极的生命状态。他们被认为"充满活力"，周围的人会吸收他们的火花和创造激情。这种人不甘平凡，喜欢脱颖而出。

创造性的生命能量究竟是什么？它源自何处？在印度文化中，它

---

① Jennifer Freyd, Betrayal Trauma (Cambridge: Harvard University Press, 1996), p. 190. Suggested listening (audio program) for this chapter: Peter A. Levine, *Sexual Healing: Transforming the Sacred Wound* (Louisville, CO: Sounds True, 2003).

被称为"第二脉轮能量"（second-chakra energy），源于我们的性器官。正是这种觉醒的能量让游吟诗人放声歌唱，让大师们作曲、建造、绘画、创作戏剧，以及书写令人愉悦、流芳百世的文学作品。它既是创造的能量，也是繁衍的能量。然而，社会对这种强大的力量充满恐惧，一直都试图压制它。

不幸的是，当正常的情感和感觉被压制，普通人会因此感到困惑和内疚。在面对这些不请自来的强烈感受时，有血有肉的人类往往不知所措。试图限定哪些想法、感觉和感受是正确的或者不正确的会滋生羞耻感。想法就是想法，感觉就是感觉，仅此而已！它们不一定会表现为不恰当的行为。

当道德评判被移除时，个体才能够自由地承认并体验真实的生命能量。当不必否认或者压抑这些感受时，更有可能做出健康的决定，进行健康的性表达。那些难以启齿的话题会因此被讨论，而家庭也会成为塑造健康行为的典范。

此外，我们要承认一个事实：许多成功的家庭可能是"非传统"的，比如单亲家庭、继亲家庭或者混合家庭。但我们相信，这里介绍的一些观点与所有家庭都息息相关。

所有家庭都需要滋养性的触摸，如拥抱、搂抱、依偎和按摩。然而，成年人或者年长的孩子通过利用一个无法理解并保护自己、无法自由地做出选择的儿童（或任何人）来满足其对舒服、驯服、控制或性满足的需求是绝对不允许的。

第七章

帮助父母分居、离婚和死亡的
孩子走出哀伤

本章的重点是帮助孩子应对分离和丧失带来的哀伤（grief）。分离有时是暂时的，比如父母长期出差或者在军队服役。而丧失有时是意外、突然且永久的，比如亲人骤然辞世或者罹患绝症。分离的阴影有时如乌云般笼罩在孩子头上，父母离婚即是如此。无论如何，孩子们都会受到不同程度的影响，并承受着压力与深切的悲伤（sorrow）。当分离如晴天霹雳般突然袭来时，休克（shock）与哀伤会不可避免地交织在一起。以下建议旨在帮助你引导孩子度过这两种痛苦的境遇。

哀伤与创伤的不同症状

所有创伤都伴随哀伤——哀伤是与丧失息息相关的情绪。无论创伤源于火灾或洪水等灾难，还是源于性侵或被遗弃等背叛行为，都意味着某种珍贵之物的丧失。这种丧失可能是物质上的，比如家园与个人财物；也可能是无形的，比如纯真的消失——那种认为世界很安全的感觉已然消失。哀伤不一定伴有创伤，但创伤必定带来哀伤。

哀伤与创伤的症状有所不同。当孩子经历深切的哀伤时，比如年迈病弱的宠物离世，谈论这件事往往更容易且有益。而在遭遇突发性创伤时，孩子常常陷入失语状态，例如小狗在孩子眼前被车撞死，哀伤就会因创伤而变得复杂化。由于这种死亡突如其来且极具冲击性，相关感受和画面无法立刻被消化。只有对这种恐惧体验进行处理，孩子才能将休克反应从身心中释放出来。

与每天照顾病弱的宠物、陪伴其度过生命的最后时光不同，看到活泼的猫狗突然悲惨死去会显得很不真实。哀伤的感觉是情绪化的、真实的，而休克则似乎是超现实的，这是哀伤与创伤的一大区别——尽管在这两种情况下，失去宠物都是一种痛苦的经历。

2001 年，社会研究者威廉·斯蒂尔（William Steele）和梅尔文·雷德（Melvyn Raider）展示了创伤反应与哀伤反应的重要差异①。为了使其更契合我们基于身体反应的方法，我们进行了改编。

---

① William Steele and Melvyn Raider, *Structured Sensory Intervention for Traumatized Children, Adolescents and Parents*, Volume I of the Mellen Studies in Social Work Series (United Kingdom: Edwin Mellen Press, Ltd., 2001), p. 155.

哀伤	创伤
以悲痛为主	以惊恐为主
只有哀伤反应	包含哀伤反应
大多数专业人士和普通人都了解哀伤反应	很多普通人和专业人士都不了解创伤反应，特别是儿童的创伤反应
倾诉有助于缓解哀伤	倾诉可能很困难或不可能
痛苦表现为承认丧失	痛苦会引发恐惧、失落、崩溃无助和安全感的丧失
愤怒通常不会带来暴力行为	愤怒常演变为对他人或自己的暴力（表现为药物滥用、虐待伴侣或儿童）
当事人会内疚地说："我希望我当时做了（或没做）……"	当事人会内疚地说："这是我的错。我本可以阻止事情的发生。""为什么不是我发生这样的事。"
通常不会攻击或"毁掉"我们的自我形象和信心	通常会攻击、扭曲和"毁掉"我们的自我形象和信心
梦到的往往是逝者	梦到的是自己作为潜在受害者的噩梦般的场景

哀伤	创伤
通常不涉及创伤反应	除了特定的反应（如闪回、惊吓、过度警觉、麻木等）外，创伤还涉及哀伤反应
可以通过释放情绪得到治愈	可以通过释放能量和自我调节来缓解
哀伤反应会随着时间的流逝逐渐减弱	创伤症状可能会随着时间的流逝不断恶化，并发展为创伤后应激障碍（PTSD）及健康问题

为什么区分创伤与哀伤如此重要？

区分创伤与哀伤如此重要的原因如下：虽然丧亲儿童的哀伤情绪很容易被识别，但因分离而出现休克反应的孩子往往默默地独自承受痛苦。他可能会出现行为问题、头痛或胃痛，而家长却没有将这些症状与孩子承受的压力联系起来。结果，孩子可能会因"表现不好"而遭受忽视或惩罚，或者被误诊为原因不明的病症。如果父母能敏锐地区分这两种状态，孩子就能减少因被误解、被不当对待造成的二次伤害。

区分哀伤与创伤如此重要的另外一个原因是：帮助孩子应对初始休克反应的技巧，与引导孩子走出哀伤过程的技巧截然不同。当孩子得到协助走出封闭的创伤状态时，哀伤过程中形成的复杂情绪就能更自然地完成其正常历程。反之，如果休克状态持续过久，孩子将长期深陷无力感，这会显著增加其出现慢性压力、突发的情绪波动乃至人格障碍的风险。

当创伤被解决后，孩子才能继续哀伤和生活。若未解决，他们很容易陷入"可怕的事件"发生之前的幻想中，而不是直面当下的现实。这会导致孩子的情感发展停滞，其生活仿佛被时间冻结了。我们见过很多离婚家庭的青少年，在事发十年后仍在绘制"与亲生父母幸福地生活在一起"的全家福，而继父母和继兄弟姐妹则明显缺席。

不幸的是，上述否认和无法接受丧失的例子实属常态而非例外。孩子对父母离婚、死亡或分居的创伤性反应会阻碍哀伤过程的正常发展。虽然孩子无法避免丧失带来的痛苦，但可以感受、表达和穿越这种痛苦——从长远来看，这种有得有失的痛苦感受会拓宽孩子的人生经历。本章的主要内容是帮助孩子从休克和哀伤中解脱出来，渡过父母离异和生离死别的难关。

关于离婚的两种观点：光明还是黑暗？

我为你，也为其他孩子做了这件事，

因为爱应该教会你们快乐，

而不是爸爸妈妈试图树立的

貌合神离的榜样。

我为你们，也为自己做了这件事，

因为我仍然相信，

只有一件事你永远都不能放弃，

也不能妥协……

那就是你渴求的真爱。

——肯尼·罗根斯（Kenny Loggins） ①

美国著名西部乡村歌手塔米·怀内特（Tammy Wynette）轻柔地吟唱着"离婚"，称其为"肮脏的词语"；而流行歌手肯尼·罗根斯则为女儿阿曼达写了一首凄美的歌曲《真爱》（*The Real Thing*），希望女儿能原谅他离开她母亲的行为。他唱道，他不希望阿曼达将所见误以为是"真爱"，担心她会把紧张的婚姻状态错看成爱。

我们都知道，当家庭开始解体时，痛苦的旅程便无法避免。专家们就父母离婚对成年子女的婚姻、事业和人生幸福的长期影响发表了不同的研究结果。目前存在两种极端的观点：一种观点认为，父母应该"为了孩子"维持婚姻，因为离婚会给他们造成永久的伤痕，影响其成年后的关系；另一种观点认为，父母不该为了孩子维持婚姻，正如肯尼·罗根斯所唱，不幸的婚姻是非常糟糕的关系模式，孩子会受到这种假象的负面影响。更糟的是，据推测，孩子结婚后会重复这种模式，

---

① Kenny Loggins, *The Real Thing*, from album Leap of Faith.

被那些自己熟悉的感觉、声音和画面"催眠"。

玛丽·杜恩瓦尔德（Mary Duenwald）在《纽约时报》上发表了一篇名为《离婚子女的双面人生：光明与黑暗》（*Two Portraits of Children of Divorce: Rosy and Dark*）的文章[1]，系统考察了两派学者关于离婚家庭子女成年后发展前景的研究成果，双方都提出了颇具启发性的理论。朱迪斯·华勒斯坦（Judith Wallerstein）博士的研究表明，离婚家庭的子女通常难以建立健康的亲密关系——他们并非不能康复，但确实需要专业帮助[2]。而梅维斯·海瑟林顿（Mavis Hetherington）博士在《无论好坏》（*For Better or Worse*）中提出了较为乐观的观点：虽然离婚总会给孩子造成创伤，带来深切的悲伤和痛苦，但到第三年，他们通常能实现良好的适应[3]。值得注意的是，尽管在离婚家庭中20%~25%的子女会出现心理与学业问题，但在正常的婚姻家庭中，也有10%的子女存在同样的困扰。当然，在家暴和虐童案例中，离婚永远是最佳选择。

更重要的是，海瑟林顿博士发现：预测孩子能否健康成长的最关键的指标是身边是否有一位积极参与、能力出众、对孩子关怀备至且

---

[1] Mary Duenwald, *The New York Times*, March 26, 2002.

[2] Judith S. Wallerstein, Julia M. Lewis and Sandra Blakeslee, *The Unexpected Legacy of Divorce: A 25-Year Landmark Study* (New York: Hyperion, 2000). 梅维斯·海瑟林顿博士（下条脚注所列书籍的合著者）与本研究报告的作者朱迪斯·华勒斯坦博士的辩论由玛丽·杜恩瓦尔德发表于2002年3月26日的《纽约时报》。

[3] Dr. E. Mavis Hetherington and John Kelly, For Better or Worse: Divorce Reconsidered (New York: W.W. Norton & Company, Inc., 2002).

制定严格的行为规范的成年人。反之，当孩子被困在父母不断交火的战场时，他们未来获得成功的概率将降至最低。这类家庭中的女孩会出现抑郁、焦虑症状，男孩则更具攻击性和表现出反社会行为。若离婚后父母中的一方持续贬低另一方，导致冲突无法停止，将会给孩子造成极大的痛苦。

　　尽管观点存在分歧，但学界已经达成了一个明确的共识——离婚必然造成伤害！无论是敌对型还是和平型离婚，孩子的社交关系、居住安排、经济状况和家庭生活都将永久地被改变。由于儿童天生具有依赖属性与发展需求，他们始终是最脆弱的群体。即使父母自身正经历毁灭性的哀伤（他们同样需要专业帮助），也必须优先满足子女的情感需求。孩子会将家庭解体视为"自己的离婚"，经常提出"我们必须离婚吗"等暴露心理创伤的问题。成人固然非常痛苦，但孩子的伤痛无疑更深重。

帮助孩子走出父母离婚的阴影和保持完整性

　　值得庆幸的是，我们认为父母不必在两种极端结果中做出选择。在研究得出的"非黑即白"的结论之间存在很多"灰色地带"——这些正是你能掌控的因素。尽管某些研究包括对儿童进行哀伤辅导以帮助其适应新的家庭结构，但所有已发表的研究都未涉及如何帮助孩子处理休克。典型的哀伤辅导仅包括谈话、倾听以及帮助孩子释放悲伤和愤怒。

上述研究提到的疗愈方式都未涉及对身体进行工作，但人们对离婚造成的躯体痛苦并非一无所知。自由撰稿人薇琪·兰斯基（Vicki Lansky）在《离婚：我学到的 10 件事》（*Divorce: 10 Things I Learned*）中这样描述她的亲身经历：

> 离婚是一种身体体验，这让我始料未及。我的身体仿佛经历了致命的旋涡。我讨厌加速、过山车和飞机颠簸时胃里翻江倒海的感觉。但我记得分手后，我只是坐在椅子上，居然也产生了这种感觉——真恶心！幸运的是，这种感觉通常会在 3~9 个月内消退。①

如果成年人的体验尚且如此，你能想象那些对父母的行为毫无掌控力的孩子会经历怎样的身体体验吗？但我们坚信，当父母以觉醒的共育者（conscious co-parents）姿态离婚，帮助孩子度过休克和哀伤等身心反应时，离婚对孩子造成的破坏性影响将大幅降低。即便家庭面临困境，只要父母能够识别并尊重孩子的需求，持续地为他们提供安全和保障，从长远来看，所有人都会过得更好。

---

① Vicki Lansky, "*Divorce: 10 Things I Learned*" (Oxygen Media, 2001). www.oxygen.com/topic/family/fammtrs/divorce10_20011109.html.

帮助孩子缓冲离婚带来的打击

无论你们是当着孩子的面吵架，还是小心翼翼地隐藏夫妻之间的问题，抑或是在婚姻悄然死亡时"欲盖弥彰"，离婚都会给孩子带来巨大的打击。虽然孩子的消极反应无法避免，但你可以提前做好铺垫，帮助孩子缓冲一些打击。我们再三强调，父母首先要克服自己的休克和哀伤，以免将自己的情绪包袱转嫁给孩子。这本身就为孩子提供了一种缓冲。

当父母消化完离婚的决定后，应该再花些时间计划如何告诉孩子，并处理好相关细节，以便尽可能地帮助孩子顺利过渡。重要的是要让孩子知道，搬出去的父母并不是要和他"离婚"，他们仍会积极地参与他的生活，比如，继续带他参加足球训练、晚上睡觉时给他盖被子等。我们要强调孩子将拥有两个家，而不是一个。最好留出足够的时间帮助孩子慢慢地适应这一变化。例如，与其说"你父亲有外遇，所以我要把他赶出去"，不如说"你父亲和我虽然不再相爱了，但我们仍然非常爱你。我们虽然会离婚，但仍然会继续陪伴你成长"。

在一些可以协商的事情上征求孩子的意见，比如，他们希望如何布置新房间、想让爸爸还是妈妈送他上学，能够在他们感到完全无能为力时赋予其掌控感。在艰难的时期，孩子做出的微小调整和想到的创意（你可能没有想到），往往能极大地改善他们的生活质量。但要注意：在某些决定上（如感恩节在谁家过），孩子可能会因顾及另一方的情绪（如孤独、愤怒和怨恨）而承受极大的压力。请务必留意孩子的行为，如果发现他们难以抉择或者不知所措，要引导他们表达自己的真实感受。

让我们看一个案例：一对父母在尚未处理好自身对离婚的情绪反应，也未制订任何计划的情况下，就仓促地告知儿子，父亲即将搬走。通过这个案例，你将了解他们本可以采取哪些不同的说法和做法来帮助孩子应对休克反应。

心碎的雅各布

雅各布父母的婚姻早已危机四伏。两人都忙于事业，相处的时间不多，也很少争吵。夫妻俩都深爱儿子，每次相聚时总是安排三人共同活动。就在事业如日中天之际，他们的婚姻却悄然走向终结。由于两人的事业和人际关系都很成功，没有人预料到这段长达15年且人人艳羡的婚姻会突然破裂。

雅各布的父亲有了外遇，母亲很快就察觉了此事。她当面质问丈夫，愤怒与哀伤笼罩着整个家庭。雅各布不明白发生了什么，因为母亲试图"保护"他，不愿说父亲的任何坏话。尽管她接受了心理咨询，但还是控制不住自己的情绪。这段婚外情很快就结束了，雅各布的母亲原谅了丈夫，尽管他只是口头承诺要修复他们的婚姻。他答应，每月至少会和妻子共度一次特别的"二人时光"。

雅各布快13岁了，因为要参加童子军活动，也会和朋友们一起在外面过夜，所以这个约定看起来是重建婚姻的好方法，这让雅各布的母亲重燃希望。在度过了一个看似有转机的周末后，这对夫妻很快又回到了各自为政的生活模式。仅仅做了一次婚姻咨询，雅各布的父母就意识到他们的婚姻已经走到了尽头。

雅各布的母亲不情愿地接受了必须放手的事实。她也明白保持儿子现有生活习惯的重要性，所以想尽可能地减少对他生活的干扰。父母双方都认为，最好让雅各布继续住在原来的房子里、上同一所学校、保留原有的社交圈。由于雅各布的父亲不想要实际的监护权，他决定收拾行李离开。在咨询结束回家的路上，雅各布的父母在车上做出了上述安排，但并没有就其他问题进行讨论！他们天真地以为，这样的安排足以保护儿子免受离婚的影响。

他们没有讨论其他潜在的问题，也没有详细地计划如何告知雅各布，就在尴尬的沉默中开车回家了。当雅各布准备上床睡觉时，他们俩对视了一眼，决定"速战速决"。他们走进雅各布的房间，直截了当地告诉他，他们要离婚了，他的父亲将在两周内搬出去。

雅各布瞬间陷入休克状态。他没有哭，只是僵直地躺在床上，被这个突如其来的消息彻底击垮了。雅各布的父母吓了一跳，紧紧地搂住他。年幼的雅各布睁着浅褐色的双眼，静静地躺着，面色惨白，仿佛失了魂。母亲试图安慰他，告诉他有任何情绪都是正常的。但是，雅各布根本感受不到自己的情绪，生理性的休克反应使他完全麻木了。父母完全不了解他正在经历什么，感到很无助。

在得知父亲即将搬出去的5~10分钟后，雅各布突然感到胸口剧痛无比。他让父母叫救护车，坚称自己"心脏病发作"。他反复强调："你们不明白……我的身体病了……这是两回事。"遗憾的是，父母既未意识到儿子正处在休克状态，也不理解这种生理反应意味着什么以及如何应对。如果当时雅各布能在父母的怀中痛哭而非被这个震惊的消息击垮，他或许能获得足够的安慰来启动哀伤过程。

讨论：如何让雅各布拥有幸福的生活

雅各布最初的休克与否认反应，掩盖了他内心深切的哀伤。他感到自己被父母误解了——事实也确实如此！在两次心理咨询后，他拒绝继续，因为他再次感到被误解了——而这又是事实！雅各布真正需要的是父母帮他释放被困住的身体感觉（运用我们在第二章和第四章介绍的方法）。若能温柔地引导他释放导致胸痛的紧绷感，他的身体反应很可能会从僵化的恐惧性休克转化为胸口的放松，从而更早地在父母的怀抱中释放紧锁的泪水，而不是等很久才开始流泪。随着他的身体逐渐打开，情绪反应就能自然地发生。

如果你回顾本章开头"哀伤与创伤的不同症状"对照表中"创伤"一栏列出的前五种症状，就会发现雅各布最初出现的症状都属于创伤反应，而非哀伤反应！让我们仔细地分析一下：

· 他最初的反应是恐惧，而非悲痛。

· 他的哀伤被创伤性休克所掩盖。

· 无论是父母还是专业人士都不理解他的创伤反应。

· 雅各布没有谈论他的情绪——他无法用言语谈论父母
离婚这个话题。

· 他的痛苦引发了恐惧、无助和安全感丧失等反应，而
非哀伤。

换句话说，在短短几分钟内，雅各布的世界就被彻底颠覆了。所幸，当你的家庭面临离婚或者分居时，可以避免雅各布的父母犯下的许多错误。哀伤是不可避免的，但创伤可以预防。雅各布的父母原本可以做两件事来缓解他遭受的打击。

首先，要认识到在家庭破裂时，孩子经历的最具冲击力的创伤时刻，往往是父母首次宣布离婚消息的时候。雅各布被一连串突如其来的、毁灭性的消息彻底击垮了——父母不仅在决定离婚的当晚就告诉了他，还同时告诉他，他的父亲将在两周后搬走。

有些父母会在离婚期间变得麻木，有些父母会隐藏自己纷乱的情绪，还有些父母会直截了当地把情绪表露出来，这些做法都不利于孩子应对。对家庭最有利的做法是，父母先感受自己的情绪，但在孩子面前要保持克制，这样才能为孩子提供坚实的依靠，帮助孩子消化和处理他们的休克与哀伤反应。对雅各布的父母来说，明智的做法是，先处理好自己的休克反应和情绪，而不是在自己还处于休克状态时就突然在睡前宣布离婚。在花几天或几周时间恢复后，他们可以集思广益，制订一个以雅各布对稳定性和连续性的需求为中心的计划。例如，可以让父亲在找公寓的同时，继续在家里陪伴雅各布一两个月，这样就可以让他逐渐适应这个变化；详细地规划探视雅各布的频率和时长，最大限度地维持他与父亲的亲密关系；后期还可以让雅各布参与部分

决策，使他明白自己很重要，而不是只能被动地接受父母强加给他的安排——无法参与其中会让他感觉无力和无助。

父母若能非常谨慎地斟酌告知孩子坏消息的方式，就能在孩子最脆弱的时刻帮助他缓冲大部分冲击。孩子需要立即知道具体哪些安排会改变，因为他们会担心："以后谁带我去参加游泳课？""我还能见到朋友们吗？""我能准时到学校吗？谁来接我呢？""家里的狗会跟谁一起？"

一些简单的措施，比如使用彩色日历标注孩子每天跟哪位家长住、由谁接送他参加各种活动，都能让他感到更安心，知道父母会继续照顾他（如果事实如此）。这样做还能让孩子对生活的期待更贴近现实，而非陷入一厢情愿的空想中。

其次，要记住，无论你多么委婉地传达这个消息，孩子都会产生一定的休克反应。现在，你应该知道怎么做了——你可以运用前面学到的追踪感觉、画面和情绪的原则，温柔地引导孩子度过僵化、紧绷或恐惧的状态。你可以使用在第二章和第四章学到的步骤帮助孩子应对事故、跌倒，以及其他突发冲击造成的休克——基本原则大体不差。无论是什么原因导致的休克，对身体产生影响的方式都是相似的。

之前你还学过如何通过快速观察来判断孩子的休克反应。以雅各布为例，他苍白的脸色、睁大的双眼、浅促的呼吸以及严重收缩的胸部（这保护着他的心脏免受过度哀伤的冲击）都是创伤反应的明显征兆。如果你能将自己温暖、安全、令人安心的手轻轻地放在他疼痛的胸口上，直到紧绷感释放，或许能缓解冲击。如果你能先处理好自己的情绪，保持全然临在的状态时，就能运用这种触摸的方式帮助孩子获得雅各布没有获得的必要安抚。

上述讨论中体现的敏感性，完全可以运用在以下"孩子最脆弱的八个时刻"。在引导孩子时，提前了解在哪些时刻孩子最容易对离婚产生创伤反应将会帮到你。

父母离婚时孩子最脆弱的八个时刻

· 首次告知孩子父母将要离婚时。

· 告知孩子父亲或母亲即将搬离（或已离开）时。

· 确定孩子监护权的归属时。

· 敲定婚姻协议、财务分割协议时。

· 当孩子开始生活在分裂的世界中——住在母亲或父亲家时。

· 父母一方或双方开始约会时。

· 父母一方决定搬到很远的地方时。

· 父母决定再婚组建新家庭时。

离婚与儿童发展

当父母分居或离婚时，决定监护权的归属必须首先考虑孩子的发展和个性需求，而非父母的便利程度。孩子需要与双亲保持密切的接触。最新研究显示，这对婴幼儿尤为重要 ①。由于婴幼儿需通过安全感建立健康的依恋，安全需求对他们来说至关重要。若条件允许，非监护方父母应尽量每日探视孩子，毕竟，你无法用语言向婴儿解释"爸爸下周就会回来"。

保持日常作息的连贯性、给孩子平稳过渡的时间以及定期探访双方的大家庭通常是最佳选择。如果父母一方很少探望或者已经抛弃孩子，大家庭的支持就显得尤为重要。婴儿通过身体感官体验安全感，当他们频繁地被大家庭中的大人拥抱、摇晃、喂食、微笑相待并得到其他形式的抚育时，就会知道自己被双方的家庭爱着。

随着孩子逐渐长大并开始与父母分离，他们独特的自我认同带有父母双方的影子。当他们与父母一方失去联系时，会感觉自我的某部分"很糟糕"或者"已消亡"，或者两者兼而有之。注意不要贬低父母中的任何一方，因为这样做会削弱孩子的自我价值感。父母双方都在孩子心中，无论你是否情愿，事实就是如此。

青少年通常不需要父母经常来探望，但在他们勇敢地进入世界并变得越来越独立时，仍然需要能够制定严格规则的强有力的父母形象。

---

① Judith S. Wallerstein, Julia M. Lewis, and Sandra Blakeslee, *The Unexpected Legacy of Divorce*, p. 216.

C.M.Heinke and I. Westheimer, *Brief Separations* (New York: International University Press, 1965).

J. Soloman and C. George, *"The Development of Attachment in Separated and Divorced Families: Effects of Overnight Visitation, Parent and Couple Variables,"* *Attachment and Human Development*, Vol. I, No. 1: 2–33 (April 1999).

就像幼儿需要父母在附近提供稳定感一样，如果没有一个坚实稳固的家作为后盾，离婚会让他们在同伴关系中迷失方向。随着青少年的身体发育成熟，继父母与青春期子女的关系往往特别尴尬，继女和继父在表达感情时可能会感到不自在。研究数据显示，10~15 岁的孩子最不容易接受继父母[①]。

所有孩子都需要知道，即使他们的家庭已经永久重组，他们依然可以继续当孩子。但实际情况往往是，孩子们被迫过早地长大，单亲家庭的孩子更是如此。如果他们过早地承担起成人的责任和情感负担，会影响其独特个性和自我意识的发展。值得庆幸的是，这种自我扭曲可以通过以下方式避免：不要在孩子面前发生争执（尤其是在涉及与他们相关的财务或监护权问题时），不要因为成年人无力应对自身的痛苦而忽视孩子的童年需求。如果离婚让你痛苦不堪，那么，帮助孩子的最好方式就是先为自己寻求专业帮助。如果当地社区或学校有"离婚支持小组"（divorce support group），让孩子参加也会很有帮助。

几乎所有孩子都抱有两种幻想：一是父母终有一天会复合，二是自己至少要为父母离婚承担部分责任。这种所谓的"魔法思维"（magical thinking）在 4~11 岁的孩子身上尤为常见。如果孩子认为自己对父母分开负有责任，就会相信自己有能力修复，所以必须破除这种魔法思维。如果父母也抱有复婚的幻想，孩子几乎不可能真正接受离婚的事实并

[①] E. Mavis Hetherington,"*An Overview of the Virginia Longitudinal Study of Divorce and Remarriage with a Focus on Early Adolescence,*"*Journal of Family Psychology,* Vol. 7, No. 1: 39–56 (June 1993).

继续生活。

孩子们普遍存在的一种恐惧是：既然父母一方离开了，另一方可能也会抛弃自己，这种想法让他们感到惶惶不安。这种担忧在学龄儿童中尤为明显，他们坚信自己的行为与父母的离开有关。这个年龄段的孩子想象力极其丰富，因此更容易产生各种恐惧。最好的解决办法就是尽量让孩子与你的前任相处，尽管你对其不屑一顾或充满怨念。

孩子经常担忧"谁来照顾我"和"我会去哪里"。如果在父母双方的家里，孩子都能拥有一个属于自己的舒适的小天地，里面有玩具、衣物、书籍或者其他心爱之物，就能从根本上帮助孩子确信，自己在父母心中占据着一个不可替代的位置。重要的是让孩子明白，他们是"住在"两个家里，而不是"住在"一个家里，却像陌生人那样"拜访"另一个家。即使实际上孩子与父母一方相处的时间少于另一方，这一点也同样重要。最重要的是，要反复向孩子保证——父母离婚是大人之间的事，他们永远不会和孩子"离婚"。

即便在最理想的情况下，当两个成熟的成年人达成共识，承认彼此不再合适而决定离婚时，离婚对孩子来说也不是好事。得知父母不再相爱，会让孩子感到痛苦且难以理解，甚至对自己存在的意义产生怀疑。此外，向老师、邻居和玩伴解释自己住在两个地方、有两个家庭，可能会让他们感到尴尬和困惑。

在父母离婚时，不同年龄段的孩子有不同的发展需求，不过这些内容已经超出了本书的讨论范围。如果你打算离婚或者已经离婚，可以阅读本章了解需要注意的要点。市面上有许多优秀的离婚指导书籍，能帮助成年人做出对孩子最有利的决定。特别推荐以下三本书籍：《妈妈的房子，爸爸的房子》（*Mom's House Dad's House*）、《离婚后的共同养育》（*Co-Parenting Through Divorce*）和《离婚后的良好养育》（*Good Parenting Through Your Divorce*）。此外，还有很多精美的儿童读物可供选择，如《恐龙的离婚》（*Dinosaur's Divorce*）、《关于离婚：送给男孩和女孩的书》（*The Boys and Girls Book About Divorce*）、《父母永远在》（*Parents Are Forever*）和《不是你的错，小熊可可》（*It's Not Your Fault, Koko Bear*）。

如何帮助孩子度过哀伤？

上面已经讨论了如何将离婚带给孩子的创伤降到最低，下面我们将聚焦如何帮助孩子处理哀伤反应。你可以采取很多措施帮助孩子应对痛苦的情绪。当孩子在生活中经历变故时，可能会产生许多混乱而矛盾的感觉。例如，在感到愤怒、受伤和恐惧的同时，他们也会感到如释重负。他们还会表达或压抑其他情绪，如空虚、失望、孤独、悲伤和内疚。

学会支持孩子度过哀伤过程，是帮助他们应对成长道路上不可避免的坎坷和曲折的重要的方式之一。孩子之所以能成长为成熟的成年人，不是因为被保护得很好，可以免受挫折和痛苦，而是因为有智慧的父母以身作则，用温柔、同情和支持帮助他们直面失望和挫折。

哀伤不仅源于某人的死亡。当我们永远失去珍爱的人或物时，就会产生这种失落感。它是生命不可分割的一部分——欢乐与悲伤总是相伴相生，缺一不可。对孩子而言，最常见的哀伤源于父母离婚、祖父母或其他亲人离世、朋友搬迁、宠物死亡以及失去家园或珍爱之物。

哀伤的过程并不是线性的。尽管如此，伊丽莎白·库伯勒－罗斯（Elizabeth Kübler-Ross）数十年前在经典著作《论死亡与临终》（*On Death and Dying*）中阐述的哀伤阶段理论，至今仍是很好的指引[①]。孩子会在不同时期经历和重复这些阶段。当你以为孩子不再悲伤时，这种情绪可能会再次涌现。在周年纪念日、节假日等容易勾起失落记忆的时刻，这种情况尤为明显。

哀伤的第一阶段是否认或怀疑。在此阶段，经常会出现强烈的休克反应。若发生这种情况，你需要帮助孩子识别并感受身体的感觉，直到这些感觉逐渐变化，从而摆脱僵化状态。这一点很重要，可以避免孩子长期陷入"死亡没有发生"或者"父母会复婚"的幻想中。

接下来的两个阶段与情绪相关。第二阶段是悲痛与哀伤，第三阶段是愤怒与怨恨。这两个阶段往往会交替出现一段时间，并且还包括更细微的情绪，如烦躁、沮丧、空虚、失望和担忧。没有什么比与所爱之人分离更痛苦的事了，所以难过是哀伤过程中的正常现象。当孩子能够表达感受时，这是一个好迹象，表明他正在走出第一阶段的麻木、无助和幻想状态。你的任务是提供一个安全的"容器"来容纳孩子的心碎和愤怒。

---

① Elizabeth Kübler-Ross, *On Death and Dying* (New York: Macmillan, 1969).

讨价还价是哀伤的第四阶段。在此阶段，重要的是帮助孩子保持强烈的自我意识，让他们相信自己能够处理当下的痛苦，而非通过幻想改变现状和回到过去。在这个"眷恋过去"的阶段，孩子经常出现"如果我当初能……这件'可怕'的事就不会发生了"等想法，甚至会软磨硬泡："如果我更虔诚地进行祷告或者做家务，请让他回来！"

这个阶段与否认阶段类似。只不过，这是一种掺杂了更多思考、自责和内疚的否认。此时，你需要帮助孩子处理伴随这些想法的感觉，避免他们陷入羞耻和愧疚之中。你可以鼓励孩子对自己在亲人离世或离开前做过或没做过的事表达真诚的悔意，然后放下。本章后面将介绍帮助孩子体验"情感圆满"（emotional completion）的其他方法，这是告别某人、宠物、原生家庭或者心爱之物的必要过程。

哀伤的最后阶段是接受现实，并愿意尽可能充实地继续生活，甚至更有活力和更有目标。这与"别想了""该往前看了"或"压抑情绪"的态度有本质区别。这并不意味着孩子再也不会感到悲伤，而是意味着原先被束缚在休克和哀伤反应中的能量得到了释放，实现了真正的圆满。如此一来，当孩子面对成长之路上的挑战时，这些能量就可以派上用场。

帮助孩子面对宠物的死亡

对许多孩子来说，失去心爱的宠物实际上是他们第一次经历深刻的哀伤。这也是他们学习无条件的爱的机会。正如前文所述，哀伤并非线性的过程，因此，虽然要经历五个不同的阶段，但每个孩子都有自己独特的哀伤方式。虽然在大人看来，他们的一些行为毫无逻辑可言，但其实，如果孩子已经到了能够说话和表达感受的年龄，你只需要跟随他们的节奏，根据他们的提示给予同情和支持，并尽你所能给他们提供空间和时间就可以了。

下面的故事讲述了一个小女孩瑞秋失去宠物后的哀伤过程。这个故事源自母亲写给她的信（本书进行了缩写），信中记录了父母对女儿经历的哀伤过程的尊重，展示了她如何应对哀伤和休克的各个阶段，以及父母是如何支持她的。

写给女儿瑞秋的信

2003 年 11 月 15 日，你的猫咪布瑞尔·罗丝（Briar Rose）被邻居的狗咬死了。6 岁的你处理这件事的方式令人惊叹，所以我把它记下来，等你长大后再看。

当爸爸踢完足球回家，蹲下来告诉你"布瑞尔死了"这个坏消息，你在他的怀里哭了很久。我和瑞安（瑞秋的哥哥）也一直陪着你。你突然停止了哭泣，问罗伯（瑞秋的爸爸）有没有把布瑞尔带回来。他说会把它抱进来。我们围坐在门口。你把布瑞尔放在腿上。它的身体还是温热的。你一边抚摸它，一边讲了很多关于它的事情——它是最好的猫咪，它走得太早了，你有多么爱它。你也问了很多关于它怎么死的问题：为什么它的舌头露在外面？为什么它的眼睛闭不上？你确定它不是睡着了？虽然看不到明显的伤口，但它的鼻子旁边有血迹。

到底发生了什么？我们尽己所能回答你的问题，但最重要的是，全家人一起陪着你度过了这个悲伤的时刻。罗伯擦去了布瑞尔嘴边的血。我们都泪流满面。这时你突然说"抱完了"，让罗伯先把布瑞尔放到门外，等天亮后再安葬。

那天的晚餐你没什么胃口，但还是和我们一起坐在餐桌旁。吃饭时，你说脑袋发烫，想用水降温。我提议泡澡，你回答说："我要在厨房的水槽里装满冷水，把头放进去。"你搬来椅子，脱掉衬衫，将头埋进注满水的水槽里。当你从水中抬起头时，要我帮你计时，看看自己能屏住呼吸多久。我照做了。你玩这个游戏时似乎开心了一些。接着，你想给朋友们打电话。你拨通好友的电话，留下两条留言："嗨，我是瑞秋。我打电话是想告诉你我很伤心，因为我的猫咪今晚死了。"

然后，你说你需要做一些让自己发笑的事。你解释说："爸爸告诉我布瑞尔死了的时候，我正在玩耍。突如其来的悲伤涌上心头，把笑声挤到了脚里。现在，我的脚很不舒服，所以我得做一些让自己发笑的事。"

过了一会儿，你说"大家一起去泡热水澡吧"。我刚进去，你就说："妈妈，笑声从我脚里跑出来啦！"我问你怎么跑出来的，你说："瑞安在挠我的脚心！"我问你现在悲伤在哪里，你说："现在只剩下爱了。"在热水浴缸里，你一会儿让我们抱着，一会儿在水中玩耍。

睡觉时，我们通常会唱歌、进行手部按摩和互相依偎，但这些例行活动似乎让你更加为布瑞尔感到难过。"妈妈，我不能再谈论它了。"于是，你戴上耳机，几分钟后就睡着了。

次日清晨，你告诉我你做了一个梦："我梦见有两个布瑞尔——好布瑞尔和坏布瑞尔。坏猫想吃掉我们，但好布瑞尔说要保护我们。我抓着她的一只爪子，你和爸爸、瑞安抓着她的另一只爪子，大家手拉着手，布瑞尔展开翅膀带我们飞向了天空。那真的是布瑞尔。她回到我身边，拯救了我们。"

上午，你一直在为布瑞尔的葬礼忙碌着。你选好位置，还帮忙挖了土。当罗伯把布瑞尔抱出来时，你惊讶地发现她的身体冰冷且僵硬。我们告诉你，她的灵魂和生命力已经消失了。你挑选了几颗爷爷生前送你的水晶，放进裹着布瑞尔的枕套里，说这样她就不会感到孤单了，因为爷爷会带她去天堂。

墓穴挖好后，你帮着罗伯轻轻地放下布瑞尔的身体，第一个捧起泥土盖在她身上。我们一边哭泣，一边轮流诉说对她的回忆。你像画册里的孩童那样跪在地上祈祷——双手交叠、低垂着头，却不知道该说些什么。之后，你帮瑞安一起铲土，直到填平墓穴。你提议大家一起唱《草原上的家》（*Home, Home on the Range*），于是我们一起唱了起来。下午，你做了一个十字架立在墓前，上面写着"布瑞尔·罗丝，瑞秋的猫，我非常爱你"，并在周围画满了爱心。

自那以后，你为布瑞尔流过无数次泪。当你看到别的猫或者想起她时，你依然感到悲伤。布瑞尔之死带给你的悲痛，甚至让你为"那些素未谋面的祖先"感到悲伤。随着你慢慢地知道更多关于死亡的事，如耶稣死在了十字架上、孩子们因流感夭折等，你提及死亡的次数也越来越多。我们始终安静地倾听着，在你需要时给你拥抱。

面对死亡是一个漫长的过程，但你做得非常好。最让我们感到震惊的是，在失去布瑞尔的第一天，你竟如此清楚应该做些什么来帮助自己，例如把头浸入冷水中、让瑞安挠你的脚等。我们只是默默地支持着你，而你则用最独特的方式照顾着自己。我们爱你，瑞秋！

瑞秋的哀伤过程

在布瑞尔去世几个月后，瑞秋的妈妈告诉我们，瑞秋仍然很想念她的猫，但似乎已经很好地度过了哀伤。随着布瑞尔去世一周年的临近，我再次询问瑞秋的感受，看看她过得怎么样。在我并没有提及忌日的情况下，7 岁的瑞秋就主动告诉我，她仍然很想念布瑞尔，而且"越来越想"，因为快到布瑞尔去世的日期了。在她的请求下，家里领养了一只名叫米斯蒂（Misty）的新猫咪，但米斯蒂和布瑞尔并不像。

当然，仅仅用米斯蒂来填补布瑞尔的空缺，并不能真正完成哀伤的过程。没有两只宠物或两个人是完全相同的。当孩子完整经历了哀伤的五个阶段，真正接纳丧失时，他们通常能更好地接受新宠物、新朋友或者继父母等。过早地"替代"与孩子感情深厚的宠物或人，并不会减少多少痛苦。

在我看来，聪明的瑞秋已为化解哀伤做了许多努力，她甚至将哭泣与玩耍交替进行，在痛苦与快乐间"摇摆"。但是，她仍然很悲痛。在思索原因时，我发现，她的哀伤过程明显缺失了一环：她从未提及任何遗憾或懊悔。没有什么比死亡更容易引发与悲伤相伴的愧疚了，而这种愧疚感会消耗孩子大量的身心能量。

关于哀伤的常见误区

（瑞秋与布瑞尔·罗丝的后续故事）

许多人相信，尽快"替代"去世的亲人是解决哀伤的好方法，这是一个常见的误区。我们文化中另一个常见的误区是认为时间能治愈一切创伤，事实并非如此。当然，时间和距离可以"减轻"痛苦，但代价可能是将痛苦埋得更深。成年人似乎尤其容易陷入这个误区。压抑痛苦并非应对哀伤的有效方法，原因如下：其一，痛苦可能会在意想不到之时卷土重来；其二，由于害怕丧失或被抛弃，被压抑的痛苦会成为与他人建立情感联结和亲密关系的障碍；其三，维持这种情感压抑需要耗费巨大的能量。换句话说，埋藏痛苦解决不了任何问题，还会让人形成自我伤害的回避模式。

所有精神修炼者和宗教哲学都认为，痛苦是生活的一部分。当孩子学会承受小剂量的情感痛苦，并明白痛苦终将过去时，就掌握了人生最宝贵的一课。这样他们就能以健全的身心步入成年，获得更多的快乐，成为更具心理韧性的人。

时间并未治愈瑞秋的悲痛。然而，周年纪念日提供了完成"未竟事宜"的新契机，因为它会让被压抑的情绪迅速浮现。了解到瑞秋尚未经历"讨价还价"阶段（第四阶段），即对布瑞尔去世前自己的所作所为表达悔意，我问她："你照顾过布瑞尔吗？"她解释说她会抚摸猫咪、陪它玩耍、给它喂食喂水。接着我问："有没有什么事是你希望自己做得不一样的?"瑞秋毫不犹豫地回答:"有一件事——我希望让它觉得它生活在一个足够好的家里。"她继续解释说,自己不确定是否给过布瑞尔足够好的家,因为当猫咪明显不想被抱时,她总是强行搂抱它。当我和瑞秋的母亲认真倾听瑞秋"坦白"这个一直压在心底的秘密时,她似乎感到如释重负。完成布瑞尔的周年纪念仪式后,瑞秋终于真正抵达了哀伤的最后阶段——接受。

关于化解休克与哀伤的更多思考

现代美国文化中存在另一个关于哀伤的误区,即人们认为应该将情绪埋藏在心底,这与传统的长期哀悼仪式及所谓的"原始"文化的做法截然不同。换句话说,葬礼结束后如果你仍未能释怀,就应该独自承受悲伤。事实恰恰相反,而这正是哀伤互助小组如此重要的原因——它可以帮助成人和儿童化解哀伤。以家庭或社区为单位共同哀悼能推动疗愈进程,避免陷入长期的痛苦。

当哀伤伴随休克反应时,情况会变得更复杂。有两个迹象表明瑞秋经历了休克:其一,小猫的突然死亡;其二,她随后做出的把头浸入冷水中的不寻常的行为。因此,当我采访瑞秋时,我告诉她我很好奇她为何想把头浸入冷水中,以及这样做对她有什么帮助。瑞秋不假思索地回答:"抱着布瑞尔时,我的裤子上沾满了血迹。看到血迹让我很难受和想吐,也让我的脑袋发烫。把头浸在冷水中时,我感到不那么难受了、身体没那么紧张了，而且也没那么想吐了。"

创伤性休克常会引发恶心感。看到血对任何人来说都是可怕的，尤其是对孩子。显然，瑞秋沾血的裤子引发了又一次休克反应。将头浸入冷水中似乎起到了"安抚神经"的作用，缓解了她的胃部不适。从科学角度来看，这完全合理。简单来说，迷走神经从头部一直延伸到肠道，当人看到血腥的场面时，它会引发恶心感并降低血压（导致晕眩）。瑞秋先是看到了布瑞尔的血迹，继而感到恶心想吐，而冷水对脸部的刺激有效地缓解了这种反应。将手放在孩子的腹部直至不适缓解，也能帮助其避免不必要的痛苦。瑞秋本能地利用冷水进行自我安抚，而她那同理心极强的父母则全程陪伴，任由她主导整个过程。

帮助孩子处理哀伤的步骤

除了处理休克的感觉和哀伤情绪外，在孩子向去世的挚爱（无论是宠物还是亲人）告别前，还需要完成几个步骤。回想一下，瑞秋最后"吐露的心声"：她在布瑞尔明显不愿意时还强行抱它，她为此感到抱歉，并担心因此让布瑞尔觉得自己没有生活在一个"足够好的家"里。说出你希望当初自己做过或者没做过的事，是告别挚爱、自我解脱的重要部分。

练习：从哀伤中康复

这个练习包括五个部分，可以帮助孩子迈出学会放下的第一步。家长需要将以下指导语读给孩子听，建议每次只做一个部分甚至更少，具体做多少取决于孩子的承受能力。

注意：本练习改编自约翰·詹姆斯（John W. James）和拉塞尔·弗里德曼（Russell Friedman）在加州谢尔曼奥克斯哀伤康复研究所（Grief Recovery Institute）创立的项目，并参考了他们的著作《当孩子伤心时》（*When Children Grieve*）①。

第一部分：制作回忆的时间线

· 制作一条时间线，起点为你第一次见到这个人或者宠物之时，终点为他们去世的那一天；

· 按时间顺序在时间线上写下几段特别美好的回忆，作为你们关系的亮点；

· 在时间线上方写下几件你真心感激但未向所爱之人表达谢意的事；

· 在时间线下方写下几件所爱之人做的让你难过的事；

· 在时间线下方写下几件你做的让所爱之人难过的事。

---

① John W. James and Russell Friedman, *When Children Grieve* (New York: Harper Collins, 2001). The Grief Recovery Institute, www.grief-recovery.com In U.S., contact P.O. Box 6061-382, Sherman Oaks, CA 91413. Telephone: (818) 907-9600. In Canada, contact RR#1, St. Williams, Ontario, Canada N0E 1P0. Telephone: (519) 586-8825.

第二部分：分类列出你写下的回忆

· 所爱之人做过的让我怀念的事情……

· 伤害过我但如今我想原谅的事情……

· 我感到内疚并希望被原谅的事情……

· 我很感激但从未说出口或者说得不够多的事情……

第三部分：分享你的想法、回忆和感受

将你列出的清单与爱你并理解你的人分享。在完成以上练习后，请这个人倾听你可能出现的任何感受。

第四部分：与挚爱道别

当你准备好时，为逝去的挚爱写一封特别的信。用你列出的回忆表达你想说的一切，不要有所保留。既写下挚爱帮助过你的事情，也写下挚爱伤害过你的事情——这样做更有价值。对那些你想说"谢谢"的经历和感受表达感激，坦然面对你和对方的缺点，原谅任何你想原谅的事。要听从自己内心的声音，不要强迫自己原谅那些你还没释怀的事，但一定要借此机会放下一些负担。最重要的是，原谅你自己。请求挚爱原谅你感到羞愧并希望自己没有做过的事。现在是坦诚相待的时候了，这样你才能心无旁骛地与挚爱道别。

对你来说，这封信可能很难写。如果你无法独自完成，可以请爱你的人帮忙，但一定要表达你自己的真实想法和感

受。如果你年纪太小，不会写复杂的词汇，可以请他人代笔。而如果你能独立完成，不妨邀请亲友陪伴你。当强烈的情绪涌现时，他们可以给你一个拥抱，或者在你哭泣时安抚你。另外，他们也可以成为你倾诉回忆和感受的对象。在信的结尾，记得对逝去的挚爱道一声"再见"。

第五部分：分享你的道别信

当你准备好时，可以在你信任的人面前大声地朗读这封道别信，把你私密的想法和感受告诉他。随后，你可以举行一个仪式，将信埋葬或者烧掉。或者，你也可以通过一些非常有创意的方式完成哀伤过程。

在哀伤引发的恐惧、崩溃和混乱中给予孩子情感支持

无论孩子是因死亡、离婚、分离还是其他类型的丧失而哀伤，他们必然会经历一系列不同的情绪。年幼的孩子可能无法用语言描述自己的感受，年长的儿童和青少年可能不想谈论这些感受。这时，让他们通过绘画来表达情绪会非常有帮助。对处于哀伤中的孩子特别有益的一项活动是做"姜饼人"练习。完成轮廓描绘和颜色编码后，孩子就可以用不同的颜色填充身体的各个部位，展示他们身体不同部位的感受。例如，如果感到极度悲伤，可以把整个人涂成蓝色，或者把心脏区域涂成蓝色、把手脚涂成红色、把肚子涂成黄色（具体示例和说

明请参阅第三章中的姜饼人练习和其他绘画活动）。

做这样的绘画练习对孩子有两方面的帮助：一方面，作为一种感觉运动行为，绘画可以缓解情绪，因为它调动了右脑的直觉感知；另一方面，这个过程可以为大人提供宝贵的信息，告诉我们孩子的困扰是什么，他还有哪些感受需要表达以及需要我们共情地聆听。

有时，孩子会先画出令他们感到不适的情绪。随着情绪逐渐好转，他们可能会转而描绘愉快的感受，这表明他们具有天生的心理韧性和智慧。你也可以让孩子借助黏土和颜料来处理情绪。黏土或橡皮泥特别适合表达愤怒，因为孩子可以按照自己喜欢的方式敲打、滚动和重塑它们。

情绪是哀伤过程的自然组成部分

孩子（甚至成人）常常对自己的感受感到难为情。他们可能会隐藏这些情绪，因为不想给父母增添痛苦。这种情况在父母离异或兄弟姐妹、配偶、祖父母去世时尤为常见。通常情况下，父母自己也可能深陷痛苦情绪中。这时，他们可以和孩子一起流泪。这并没有什么不妥，事实上，重要的是告诉孩子：泪水、恐惧和愤怒都是哀伤的正常表现。父母坦然地展示健康的情绪表达方式——哭泣能释放大量的痛苦和压力——会对孩子产生积极的影响。

但要切记，不要让孩子承受来自你的持续的痛苦或过度的焦虑、抑郁、暴怒等情绪（极端情绪并不能带来解脱）。如果你自己长期无法走出哀伤，请寻求朋友或心理咨询师的帮助。请避免在孩子面前评判或贬低离开的一方，这会让孩子因为爱对方而感到困惑。

要经常询问孩子的感受和想法。孩子的情绪体验可能与成人截然不同，他们感知情绪的方式更简单直接（不会纠结"为什么"或"该不该"有某种情绪），而成人则倾向于用评判的眼光分析自己的情绪。孩子需要有能力表达自己真实的情绪，而不必用成人的思维进行过滤。我们要让他们感受到足够的安全感，再根据他们的节奏进行提问。如果孩子还没准备好谈论自己的感受，我们不妨择日再试。我们要给孩子充分的机会分享情绪，并在他们愿意时帮他们卸下负担。

许多成人能够轻松地拥抱和安慰一个悲伤的孩子，却难以应对一个愤怒的孩子。当所爱之人离开时，愤怒是正常的反应，重要的是让孩子知道这一点。他们可能需要通过谈论、跺脚、绘画、写作、撕纸或散步来表达愤怒。有些孩子可能希望独处一会儿，自行处理情绪或者与同龄人交谈——青少年比较喜欢这种方式。你只需让他们知道：当他们准备好的时候，你随时都在。

当孩子不知道接下来会发生什么时，他们会感到害怕。无论是即将搬家还是父母要离婚，孩子都需要知道自己会受到怎样的影响。你可以多给孩子提供一些详细的信息，避免让孩子陷入灾难性的担忧中。例如，你可以告诉孩子，如何通过电话、信件和探访与亲人保持联系。如果是离婚，要让孩子知道他们将住在哪里、哪些情况会改变、哪些情况会保持不变。为孩子提供电话号码、地址和信纸（或电子邮件），鼓励孩子与父母多联系，能够让孩子更安心。鼓励孩子给祖父母、姑姨叔伯、堂表兄弟姐妹等双方的亲戚打电话也很重要——与大家庭保持联系通常能带给孩子一种连续感，帮助他们更好地应对变化。

告诉孩子一切都会好起来的

当孩子的生活经历剧变时，他们可能会以各种方式提出无数问题。"为什么爸爸不能和我们一起住？""为什么奶奶会死？""为什么妈妈要离开？""她还会回来吗？""为什么事情不能是另外一个样子？"你可能无法回答每个问题。但是，你要让孩子确信你理解他的悲伤、沮丧、痛苦和愤怒，并告诉他你会随时倾听他、拥抱他、给他讲故事，或者想办法让他的新生活尽可能地舒适。这些做法可以帮助孩子更好地度过哀伤和接受生活中的变化。

当孩子面临艰难的人生转变时，他们需要知道：随着时间的推移，生活会逐渐好转；事情确实会发生改变，并变得越来越容易。这需要保持微妙的平衡：既要支持孩子表达复杂、痛苦的情绪，又要向他们传递"痛苦不会永远持续"的信念。你可以通过定期进行"情绪检查"来关注孩子的情绪如何随着时间的推移而变化，将其作为每天或每周的例行公事。你也可以定期召开家庭会议，让每位家庭成员分享新出现的感受，并讨论如何应对这种新情况。

即使父母有了新伴侣，仍然需要保持敏感，做负责任的共同养育者。重点应该放在共情地倾听彼此的感受，并想办法帮助孩子解决问题上。这种关怀与规划会极大地影响孩子的适应能力。父母进行沟通时，也可以一起策划家庭娱乐活动。对孩子来说，在哀伤与成长之间保持平衡很重要，这意味着要预留充足的时间用于外出、娱乐、嬉戏和享受快乐！

第八章
保护儿童成长的社区游击战

你说你想要一场革命

你明白的……我们都想改变世界

你问我可以做些什么……

你明白的，我们正尽力而为。

我们都想改变陋习，

计划是这样的……[1]

　　我们选择"游击战"作为最后一章的标题，带有一点调侃的意味。我们绝不是想蓄意破坏，也没有"强行夺取"现有机构的意图。西班牙语中的"游击战"（guerrilla）的字面意思是"小战争"，参与者是为实现重大变革而奋斗的独立团体。我们的开国元勋就是真正的游击英雄，他们通过独立战争为我们赢得了今天享有的自由。

　　我们想以乐观的态度展望未来，以此结束本书。我们希望父母们能够将在本书中学到的知识带到自己的社区，为社区的改革提供动力，

---

[1] 改编自约翰·列侬专辑《想象》（*Imagine*）中的《革命》（*Revolution*）。

成为真正的变革者。社会机构所做的小小的改变，可以在预防和疗愈儿童创伤方面实现巨大的飞跃。父母可以在医院和医疗中心、社区和学校的危机干预这两条战线上进行这场改革之战，让我们的世界变得更健康、对儿童更友好。

例如，父母可以成为活动的组织者，在医院、社区和学校组织基层活动，使它们变成"以儿童为中心"的场所——这意味着儿童及其家庭的情感和精神需求将成为这些医疗机构服务的核心。某些重大事件如伤害、疾病、自然灾害、恐怖主义和校园危机难以完全避免，但我们可以大幅减轻孩子遭受的创伤症状和精神压力，有时甚至能防患于未然。本章将为"父母战士们"提供建议，帮助你们将它们带到当地的医院、社区和学校。无论孩子的恐怖体验源自何处，保持他们的心理韧性都是消除"恐怖"的最佳解药。

医院和医疗机构的变革模式

彼得·莱文的故事

我开创体感疗法的"职业生涯"始于 1969 年，当时我被要求治疗一位名叫南希的女性。她患有多种身体问题，包括偏头痛（现在被称为纤维肌痛症）、慢性疲劳、严重的经前综合征和肠易激综合征，以及包括频繁的惊恐发作在内的各种"心理"问题。在这次治疗中①，南希开始颤抖、战栗和哭泣，并伴随着一波又一波的全身抽搐。在近一个小时里，她不断地颤抖，同时回忆起4岁时的恐怖经历和感受。那时，她即将进行扁桃体切除术，在进行乙醚麻醉时被医生和护士按住，她只能徒劳地拼命挣扎。

随着我治疗越来越多的有南希这样的症状的患者，我震惊地发现，许多人在幼年时都有过类似的经历——他们在侵入性医疗过程中感到极度恐惧和无助。当我开始培训他人使用我正在开发的疗法时，不得不面对自己在童年时经历的可怕的扁桃体切除手术。与南希一样，我也曾拼命反抗按住我的医生和护士，试图摆脱这种令人窒息的恐惧感，但最终却被恐慌和彻底的无助所淹没。在处理这段经历的过程中，那些对我的成年生活造成困扰的恐惧感、肠胃不适和被背叛的感觉逐渐减轻。南希和我都重新找回了在童年早期被无情地剥夺的纯真和活力——尽管是无意的。

正是在那时，我下定决心必须尽己所能，防止儿童遭受不必要的创伤。尽管现在的医院要比20世纪四五十年代南希和我做扁桃体手术时进步很多，但即使是简单的医疗程序，仍然经常令孩子感到恐惧、痛苦和难以承受——正如我们在第三章萨米的案例中看到的那样。

这场"反恐战争"可以从减少医疗系统无意间给孩子带来的不必要的痛苦开始。医生、护士和相关专业人员从事的是救死扶伤的工作，

---

① *Waking the Tiger: Healing Trauma.*

这些敬业的医护人员日复一日地应对灾难性的疾病、伤痛以及嘈杂、焦灼的环境，常常遭受"职业倦怠"或者替代性创伤。再加上"管理式医疗"衍生的官僚作风让医护人员和患者深陷文书工作之中，难怪至今很少有人考虑采用不同的方法尽量减少或者消除医疗创伤反应。

医疗和外科手术本应解决患者的健康问题，而非制造新的问题。无论治疗是紧急的还是计划内的，处理过程可能都存在很多困难，即使对成年人而言也是如此。这些医疗程序往往既复杂又可怕，更不用说还存在潜在的伤害，这在治疗前签署风险告知书时就能看出来。理想情况下，通过本章提出的建议，作为父母的你们将受到激励，参与到创造积极变革的行动中来。

虽然预防不必要的痛苦、促进更快的康复、防止可能出现的创伤症状和节省费用的责任在于医务人员和管理者，但我们生活在一个商业驱动的环境中，因此，作为医疗服务的消费者，我们也可以发挥自己的影响力。在医疗机构中实施本书的理念并不难，家长和医务人员可以团结一致，共同致力于改善儿科医疗，成为推动护理系统变革的强大盟友。如果能在现有的医疗模式中加入压力预防计划，那将再好不过。人文关怀的理念与医疗系统的整合将带来以下好处：

· 那些原本可能会被可怕的医疗程序所创伤的儿童，将有机会健康地成长和保持心理韧性。

· 长大成人后，这些儿童可能会较少地受到焦虑和其他心理、生理及创伤相关症状的困扰。面对重大挫折时，他们的恢复力也更强，因为绝望和无助没有烙印在他们的大脑里。

· 接受手术的儿童的康复时间可能会缩短。

· 严重的健康问题甚至某些暴力行为或可避免。

· 在医疗决策中，身体、心理和精神的需求可获得更均衡的考量，使儿童得到应有的尊重和尊严。

· 社会可能会节省难以估量的医疗开支，更不必说还能减轻无数人的痛苦了。

目前，许多医院和医疗中心都提供了优质的治疗服务，挽救了很多过去可能会失去的生命。下一步是提供及时有效的干预措施，解决心理、情感和精神层面的问题。

加利福尼亚大学旧金山分校医学中心儿童医院就是开始关注患者情感体验价值的医疗机构之一。儿科社会工作者凯伦·桑切（Karen Schanche）与该院儿科风湿病科、康复医学科以及儿童生活部的两名成员开展了一项令人振奋的合作，开发并实施了一项针对儿科患者的创新治疗方案，旨在减轻各种医疗治疗带来的相关症状 [1]。

凯伦是我们的学员，她一直在门诊和住院患者中运用体感疗法。她帮助风湿科门诊项目中 4~18 岁的儿童青少年做好准备，在定期门诊期间，使他们能够成功地应对多次难受的关节注射，而无须接受全身

---

[1] 来自 2006 年 7 月 14 日进行的电话访谈。凯伦·桑切（社会工作硕士、持证临床社会工作者、心理治疗师）在加州大学旧金山分校医学中心参与了三个跨学科团队的工作：儿科风湿病科、康复医学科、癌症中心综合门诊的症状管理与姑息治疗服务团队。

麻醉。除了向孩子们展示治疗过程将如何影响他们外，她还会花时间了解什么能让孩子们感到安全和舒适，引导他们感知各种感觉，通过角色扮演建立边界感，并帮助他们找到调动内在资源的方法，以保持一定的掌控感。这个过程还包括赋予孩子们决定权，让他们选择陪同的人，以及希望这个人如何帮助他们应对治疗过程中的压力和疼痛。

当这些年幼的患者通过体感疗法将注意力从疼痛的部位转移到舒服（或至少不那么疼痛）的部位时，他们忍受疼痛的能力显著提高了。这使得他们能够接纳自己的感觉，在保持控制感和更高目标的同时，减轻注射带来的痛苦和煎熬。凯伦报告了一个近乎神奇的结果：在有支持的情况下，与接受局部麻醉时相比，大多数儿童在接受全身麻醉时更配合。孩子们会说出"我不觉得恶心，也没有想吐的感觉"这样的话。总体来说，孩子们都感到非常惊讶，因为没有进行全身麻醉反而感觉更好。

最大的好处是，孩子们避免了因身体被束缚和使用镇静药物带来的心理和生理并发症。现在只需使用皮肤麻醉霜和冷冻喷雾进行局部麻醉，无须进行全身麻醉。凯伦通过"推手游戏"或"推开游戏"帮助孩子们感受自我保护的反应和力量，而不是让他们在被按住时无助地承受剧痛。在注射过程中，这些推压练习能转移患儿的注意力，让他们专注于自身肌肉用力的感觉。凯伦常将体感疗法与运用儿童自身意象（imagery）和隐喻（metaphor）的技巧相结合。迄今为止，她已为 27 名门诊患儿和 7 名住院康复患儿进行了治疗准备。小患者们对此心怀感激，医生们也对其提升患儿满意度、降低医疗程序造成的痛苦的能力印象深刻。

加州大学旧金山分校医学中心儿童医院使用的方法仍需进一步研究和验证，但我们注意到，在医疗过程前后接受体感疗法的个体康复更快，包括症状缓解和恢复"正常生活"，即使在经历严重的手术后也是如此。

以家庭为中心的儿童医院模式

尽管数量有限，但一些医院正在营造充满人文关怀的诊疗环境。其中，由许愿基金会① 资助的部分医院正致力于减轻儿科创伤。让我们看看他们是如何通过以下措施预防创伤，使儿童在住院时更愉快、更安心的。

位于加利福尼亚长滩纪念医学中心的米勒儿童医院（Miller Children`s Hospital）就是这样一家具有前瞻性的医疗机构。儿童生活项目的负责人丽塔（Rita）提供的指引令人倍感温馨："从蓝色海豚标志处进入，径直走向小船造型的服务台，接待员会给您访客徽章。"在参观这所无与伦比的儿童医院之前，她热情的欢迎语气就给人一种舒适和滋养的感觉。这家医院把对孩子的全面呵护扩展至整个家庭。在实施医疗程序前中后期，医院都会向患儿和家长介绍应该注意的事项。

---

① 许愿基金会（Make-A-Wish Foundation）是美国的全国性组织，各州均设有独立网站和地址，可通过主网站 www.wish.org 查询各州分会的联络方式。

在适当的时候，兄弟姊妹支持项目（the Sibling Program）还会为首次来院探视的兄弟姐妹们做好准备。

儿童生活项目的设立，旨在为门诊和住院患儿创造积极的就医体验。儿童生活专家（Child Life Specialists）通过个体及团体活动方案，帮助孩子们熟悉医院的环境，从而减轻恐惧和焦虑。他们提供模拟医疗设备、图书和真人大小的人偶杰弗里（Jeffrey）。杰弗里穿着儿童病号服，戴着蓝色手术帽，他有一个特殊的盒子，里面装有心电图贴片、脉搏血氧仪、静脉注射器、血压袖带和注射器等道具，供孩子们观察、触摸和玩耍。随后，工作人员会向每个孩子展示一本带有照片的手册，逐步引导他们了解就医流程。活动一开始，孩子们就可以自主选择印有小熊星星图案的酷炫睡衣和能够带回家的拖鞋，从而获得参与感。

我有幸目睹了这个项目的实施过程。小男孩丹尼尔即将接受颈部肿块切除手术，他全神贯注地听着儿童生活专家为他朗读的故事。随后，儿童生活专家让丹尼尔触摸心电图贴片，并解释说"外面是粘在皮肤上的，中间是黏糊糊的导电凝胶"。在丹尼尔把玩过后，儿童生活专家详细地为他演示了如何将这些贴片贴在他的胸口，并给他看了其他小朋友贴着同样贴片的照片。

这次术前引导在游戏室进行，室内铺着地毯，攀爬楼梯、滑梯和播放《小熊和蓝色的大房子》（*Bear and the Big Blue House*）等节目的电视区一应俱全。在丹尼尔进行手术准备期间，电视正在播放的内容是"霍格医生去蓝色的大房子给小熊和朋友们做检查"。准备结束后，丹尼尔和父母一起玩滑梯，直到医生到来。医生来到后，先陪丹尼尔玩了几分钟，这样他就不会感到陌生了。随后，他耐心地解答了全家的疑问，并用浅显的语言解释了手术流程。

在米勒医院，每个孩子都会获赠一个可以穿上病号服的玩偶，以及内含口罩、注射器、手套、棉球、酒精棉片、创可贴、压舌板和药杯的医疗玩具套装。这里还提供《小乌龟汤米的核磁共振之旅》（Tommy`s [the Turtle] Trip to MRI）《我的住院日记》（My Hospital Book）等填色书，并为家长和青少年患者设立了配有医疗类视频、图书和网络查询服务的图书馆。工作人员会带孩子们参观治疗结束后可以游玩的游戏室，以便让他们在康复期间有所期待。

米勒儿童医院还采用了最先进的镇痛技术。例如，他们配备的"患者自控镇痛"设备只需按键即可操作，其安全简便的设计使得 5 岁的儿童都能自如使用。这些设备通过智能控制确保患儿既能获得充分的镇痛效果，又不会用药过量。

医院还采用了非药物止痛方案，包括配备电视、录像机和互动视频游戏的移动"娱乐中心"。丽塔提到，南加州大学洛杉矶分校曾利用这些游戏站监测镰状细胞症患儿在疼痛发作时的生理反应，研究结果明确显示，使用"娱乐中心"的患儿的疼痛反应显著减轻。该设备适用于各年龄段的儿童和青少年。另一个特别适合青少年（以及父母无法全程陪伴的各年龄段的儿童）的项目是"祖父母计划"（the Grandparent Program），由志愿者团队通过打牌、聊天、倾听等方式陪伴患儿，缓解他们的孤独感和无聊情绪。

除儿童生活项目外，米勒儿童医院还精心打造了令人愉悦的儿童就医环境。每间病房都绘有色彩缤纷的海洋主题壁画——小患儿的房间里画满了各种海洋生物，而在青少年的病房里，则能看到沙滩上的冲浪板。这里有床边游戏、宠物探访和精心设计的游戏室。游戏室提供艺术活动、手工活动、想象游戏和通过医疗组织"星光世界"（Starbright World）实现的特殊视频会议（该平台可以让全球患有相似疾病的儿童进行在线互动）。更值得一提的是，每个房间都能看到"咯咯笑"（Giggles）电视工作室每天进行的直播。这档节目有一个患儿、一个儿童生活专家，当然还有"小丑咯咯笑"。其他患儿可以打电话提问，每位来电者都能获奖。节目会邀请被评为"每日之星"的患儿做节目"嘉宾"，如果小朋友想获得"每日之星"的签名照，可以去病房探望这位"嘉宾"。

除了帮助儿童做好术前准备并进行全程陪同的儿童生活专家外，医院还配备了社工和心理咨询师，为那些即使做过充分准备但仍会出现创伤反应的儿童提供情绪支持。医护人员也会密切关注康复期儿童的特殊需求。这种关怀备至的护理方式听起来好得令人难以置信，但这正是它应有的样子；而阅读本书的你，或许也能推动当地医院采纳这些理念。

加强创伤预防措施

尽管越来越多的医疗机构正努力提高儿童的舒适度并打造宜人的环境，但预防创伤最简单却最重要的措施仍然不为人知或被忽视了。

好消息是，儿科创伤预防并不需要昂贵或复杂的设备——预防创伤的技能可以普及给每个人。第一步是向儿科医务人员普及创伤背后的生理原理。由于创伤症状源于身体僵直、无助以及无法启动"战斗或逃跑"反应时被束缚的能量，因此，必须确保没有任何儿童在被束缚或极度恐惧的状态下接受麻醉。

医生、护士、社会工作者和儿童生活专家要敏锐地觉察孩子的情绪，努力减轻其焦虑。应密切观察孩子的反应，孩子的肢体语言和面部表情往往比口头语言更能揭示其恐惧（比如僵住的表情），因为孩子经常会害怕得"说不出话"。通常情况下，最好能在手术前一周而非手术当天为孩子介绍医疗流程和进行角色扮演，这样家长就能在家陪孩子玩"医院游戏"，直到孩子感觉足够适应和愿意配合治疗为止。

在创伤预防中，还有一点至关重要（参见第四章）：在孩子做手术时，请务必要求医生在切口处实施局部麻醉。尽管越来越多的研究表明，局部麻醉能加速康复、减少并发症，但目前仍未成为常规操作[1]。很多时候，局部麻醉可以避免全身麻醉存在的潜在风险；另外，在多数情况下，如果没有实施局部麻醉，就不应该进行全麻。除加速康复外，局部麻醉还有另外一大益处：当仅使用全麻时，身体仍会将

---

[1] K. Yashpal, J. Katz, and T.J. Coderre, "Effects of preemptive or post-injury intrathecal local anesthesia on persistent nociceptive responses," Anesthesiology (1996).

C. Michaloliakou, F. Chung, and S. Sharma, "Preoperative multimodal analgesia facilitates recovery after ambulatory laparoscopic cholecystectomy," *Anesth. Analg.* (1996).

S. I. Marshall and F. Chung, "Discharge Criteria and Complications After Ambulatory Surgery," *Anesth. Analg.*, Vol. 88, No. 3: 508 (March 1, 1999).

手术切口识别为侵害（也许与遭受猛兽的攻击无异），而在切口处实施局部麻醉可以降低儿童的易感性，从而降低其日后出现心理症状的可能性。

通过优秀项目引领创伤干预进入新高度

长滩纪念医学中心的米勒儿童医院是美国 90 家家庭友好型示范医院之一。通过采取上述简单但至关重要的措施，这些把儿童需求放在第一位的项目将更容易推动变革。父母要做的是向当地医院的工作人员宣传本书介绍的创伤预防原则。请务必选择这样的医疗机构：注重通过细致操作、术前引导和充分准备来预防医疗创伤；愿意与家长一起合作。你可以访问 www.ChildLifeCouncil.org 了解如何将儿童生活项目和许愿基金会等项目引入社区。然而，你要主动提醒医疗机构：精密设备并非创伤预防或减压项目的核心要素，理解和缓解儿童的恐惧、担忧和痛苦才是预防的关键。请记住，医务人员应该为你的孩子和家庭服务，而不是反过来，因此你要了解并坚持自己家庭的权益。最终，推动变革的选择权在你手中！

坎迪的故事

坎迪（Candi）是我在米勒儿童医院结识的一位年轻的儿童生活专家实习生，她对我们的创伤预防工作表现出的特别的好奇心，以及她对自己职业的热爱吸引了我的注意。我认真地聆听了她的故事。坎迪说，小时候的自己是个外向、友善、热爱舞蹈的小女孩。7 岁时，她发觉膝盖出现了莫名的剧痛，需要就医，但那段可怕的医院经历令她永生难忘。医生在她的膝盖处"又戳又挖"，最终发现了一根缝衣针。但比缝衣针更深地扎进坎迪记忆的，是她隐约听到的那句冷冰冰的话（医生对护士说的）："如果取不出来，可能得截肢。"

成年后的坎迪坦言："我明白他们救了我的命，因为那根针可能会游走到心脏。但当时我害怕极了，没人来安慰我。当磨难结束时，护士只是说'记得告诉你妈妈，护士们做得多棒'，可她们明明做得并不好。"

当我问坎迪这段经历对她的生活有什么影响时，她表示自己从那以后就变得胆小和焦虑，并坦言这正是她投身于预防儿童医疗创伤事业的动力——只为不让自己照顾的患儿再遭受类似的痛苦。

许多人将医院和诊所视为陌生、充满威胁甚至危险的地方。当人们因真正危及生命的健康问题寻求医疗帮助时，对这种威胁的感知就会被放大。医疗创伤对儿童的影响尤其深远，不少成人仍然记得童年时期接受治疗时产生的窒息感、无法动弹的感觉和恐惧感。

幸运的是，正如你所见，我们可以采取许多措施让医疗环境变得更加人性化。通过进行简单的调整，医护人员能显著影响孩子们感受到的安全感或受伤害程度。例如，引导教育、通过角色扮演帮孩子做好准备工作、帮助孩子处理"诊断带来的坏消息"以及有意识地使用积极的语言等，都可以改善患儿的治疗效果。

显然，儿科专业人员需要接受培训，以便理解创伤的本质。我们希望在不久的将来，所有医院和医疗机构都能认识到预防或减轻所有患者（特别是最脆弱的儿童群体）压力和休克创伤（shock-trauma）的重要性。与此同时，父母们可以用知识和同理心武装自己，通过成为建设性的、革命性的、和平的疗愈战士，在改变现有体系的过程中发挥关键作用。

如何做好社区危机干预？

过去几年悲剧事件频发，有极端天气导致的自然灾害、新型疾病造成的威胁，也有校园枪击事件、媒体对暴力的广泛报道以及恐怖主义在美国本土的出现。本节面向希望掌握更多技能来帮助孩子应对社区灾难和群体性死亡事件的父母。本节提出的观点和涉及的活动可供基层社区组织者用于儿童群体干预，适用于各类动摇社区安全感的突发事件，包括上述暴行、矿难等意外的群体死亡事件、同学自杀等。截至目前你学到的情绪急救原则，同样适用于火灾、地震、龙卷风、洪水和海啸等自然灾害。

在灾难发生前，大家可以作为志愿者的核心成员聚集在一起，提前制订学校或社区计划，以便在必要时实施，引导大家互相安慰和帮助，并帮助那些因休克和恐惧而变得麻木的儿童和成人。如果作为父母的你们制订了行动计划，当发生灾难事件时，就不太可能将自己与外界隔绝开来，或许也不会在休克状态下反复观看新闻中的恐怖画面。父母们可以共同努力，帮助孩子尽快地从被打乱的日常生活中恢复过来。

直面全新的现实

2001 年 9 月 11 日，美国的集体安全感被粉碎，类似事件很可能再次发生。它给我们留下了深刻且未解的问题，同时也让我们深感恐惧，不知道接下来会发生什么，也不知道该告诉我们的孩子什么。事实上，比我们说什么更重要的是，我们应该如何与他们谈论这类可怕的事情，以及我们如何倾听他们的感受和担忧。与父母的话语相比，孩子从父母的感受中获得的信息更多。他们需要的不是大量的资讯，而是踏实的安全感。孩子需要知道他们会得到保护和关爱。"我爱你，我会保护你"这句发自肺腑的话比任何解释都更有意义。对于年幼的孩子，父母需要通过身体接触、拥抱、摇晃和触摸来传递安全感。

在父母双方都工作的家庭中，要抽时间给年幼的孩子打电话，让他知道你还在，这一点非常重要。可预测性和保持日常生活的连续性对所有年龄段的孩子都很重要。我们可以做的另一件重要的事情是和孩子们一起制订计划，让他们感觉到生活仍在继续，这样做不但能够减轻他们的痛苦，还会让他们再次开心起来。

由于媒体倾向于将骇人的画面作为卖点，因此，尽量让孩子少接触电视新闻很重要——尤其是在晚餐时和睡前。当然，大人最好在他们睡着后再观看新闻。3~5 岁的孩子可能会问他们在电视上听到或看到的事情，在这个年龄段，孩子开始用语言表达自己的感受，你可以让他们知道有这样的感受是正常的。让孩子画画、谈论他们画的内容及其感受，给孩子讲述主人公通过克服困境和战胜磨难变得更强大的故事，都可以帮到他们。

此外，孩子们常常会在画作中添加一些新的创意元素，将发生的事情和解决方案情境化。例如，一个目睹飞机撞上世贸中心，随后看到人们从窗户上跳下的孩子，在画这个场景时添加了一个重要的细节：在地上画了一个小小的、圆形的物体。当父母问他那是什么时，他回答："这是个蹦床，用来救那些从窗户上掉下来的人。"

如果孩子已经6~12岁了，父母可以与其进行更直接的讨论。重要的是了解他们从哪里获得的信息、其具体的恐惧是什么。然后，你可以让全家人集思广益，一起讨论能为这些深受恐怖袭击影响的人做些什么，比如给失去亲人的孩子写信，或者组织募捐活动筹集援助资金。主动参与有益的活动，而不是做一个旁观者，将会带来巨大的变化。

9·11事件后家庭与社区大规模灾难援助的缺失

美国红十字会灾难心理健康协调员丽莎·拉杜（Lisa LaDue）（时任美国国家大规模死亡研究所高级顾问）在"9·11"五角大楼遇袭事件后，被派驻弗吉尼亚州阿灵顿市的红十字会总部。她的职责是响应华盛顿特区大都会区社区对事后情况汇报、心理辅导和咨询的需求。以下是她在2006年接受玛吉·克莱恩访谈时的陈述：

家长和社区负责人不约而同地发出同样的呼声："我们需要帮助，这样才能帮助我们的孩子。"很明显，大多数人都对如何帮助孩子从这场灾难中恢复感到茫然无措。父母不敢送孩子去上学；当父母去工作甚至去商店时，孩子都感到害怕；天黑后，整个社区的人都不敢出门。似乎没有人知道如何应对此次恐怖事件造成的一系列影响。这些影响清楚地表明，社区必须建立系统化服务，帮助儿童和成人重建心理平衡，从直接创伤和替代性创伤中恢复。

家长可以成为社区或公益组织的负责人，致力于应对恐怖主义和其他大规模灾难（人为的灾难或自然灾害）带来的可怕影响。体感疗法为儿童及其家庭恢复安全感带来了希望——它提供了一种新方法帮助人们从骇人听闻的集体创伤事件中恢复。掌握这种新的应对技巧后，家长可以组织邻里的孩子们玩一些简单的游戏，帮助他们释放创伤能量。你还可以教他们将艺术、写作等表达形式与身体感觉意识相结合，用这种方式使自己的神经系统平静和稳定下来。你无须再为孩子难以入睡或者害怕离开家而感到束手无策——你可以运用这些简单的躯体工具帮助他们恢复生活的平衡感。

孩子恐惧的面容、在教室里表现出退行行为和破坏行为的学生，以及发现孩子失去了往日活力的家庭，所有这些都是召唤我们为社区和学校制订基层计划、解决创伤的核心问题、尽快帮助孩子恢复心理韧性的响亮警钟。

泰国在自然灾害后帮助儿童恢复心理韧性的经验

在 2004 年 12 月印度洋地震引发灾难性海啸后，一群体感疗法从业者组成了创伤服务外展项目（the Trauma Outreach Program）团队，运用本书介绍的创伤干预方法，与泰国的学龄儿童一起工作和玩耍。由拉贾·塞尔瓦姆（Raja Selvam）领导的另一组体感疗法从业者组成了创伤维迪亚（Trauma Vidya）团队，对印度南部的幸存者进行救援。两个团队都致力于帮助儿童、家长和教师从目睹家人、家园、生计来源和动物被瞬间卷走的巨大创伤中恢复。团队通过主办工作坊传授创伤急救原则，以便使当地民众能够在团队撤离后继续开展心理援助工作。在社区灾难事件中，以下指引和游戏将会教你帮助儿童群体恢复心理韧性。

由于创伤会击溃神经系统，经历过创伤的孩子往往自信心不足，难以恢复平衡，也无法控制自己的行为。他们可能过度活跃，控制冲动的能力较差；也可能昏昏欲睡、精神恍惚或抑郁。你可以根据在本书中学到的身体觉知理念，通过改编"夺旗"、跳绳等普通游戏来帮助这些孩子。这些活动引发的兴奋和竞争会唤起与"战斗或逃跑"反应类似的能量。团体活动也将帮助你了解你关心的孩子和其他邻里的孩子是如何应对的。

你要对活动进行结构化设计，让高度兴奋的活跃时段与同样长的休息时段交替进行，这样孩子就有足够的时间平静下来。在专门设置的平静时段里，可以让孩子们安静地围坐成一圈，带领活动的家长通过感觉"检查"了解孩子们的状况。在团体中，最简单的方式是举手问答，比如：现在谁感觉有力气？谁觉得没力气？谁感到精力充沛？谁感到疲倦？谁觉得热？谁觉得冷？谁感觉平静？谁觉得难受？谁感到兴奋？谁的心跳很快？谁觉得双腿有力量？谁头痛或肚子痛？谁感到开心？

在兴奋和平静这两个阶段，多余的能量都会自然释放。当孩子们追逐、逃跑、躲避，并感受到手臂、腿和躯干的力量时，可以强化大脑中支持心理韧性和自我调节功能的区域。通过做游戏获得的感觉体验能帮助孩子们重拾信心和体力。用这种方式鼓励孩子们提高身体觉知，他们更容易在遭遇不幸后恢复心理韧性。

促进人际互动和提高心理韧性的团体活动

我们为泰国的学龄儿童设计了多个游戏，帮助他们在经历海啸的致命冲击后重拾信心和心理韧性。"草原狼（或老虎）追兔子"游戏、"模拟跳绳"等活动成功地帮助孩子们在玩乐中释放了焦虑。那些原本抱怨头痛、腿软或腹痛（或显得抑郁或焦虑）的孩子，通过团队游戏获得掌控感后，开始恢复活力。看着孩子们软弱无力的身体恢复生机、悲伤的面容绽放欢笑和喜悦是一种无比珍贵的体验。有些孩子受到的创伤比其他孩子严重，需要大人一对一地进行支持才能充分地参与团体活动。在本节的后面部分，我们将指导家长为每个孩子提供他们可能需要的额外帮助。

草原狼追兔子

这个游戏和下一个游戏都运用了体感疗法的原理，由我们的同事亚历山大·杜阿尔特（Alexandre Duarte）设计并用于团体活动。他曾在泰国、印度、新奥尔良和巴顿鲁日开展儿童创伤救援工作。在亚洲，我们称这个游戏为"老虎追兔子"，因为老虎是当地儿童熟悉的动物。显然，在保持游戏的本质不变的前提下，你完全可以换成其他动物。这个游戏只需要两个不同颜色和大小的球。它旨在模拟逃跑反应。在灾难发生后，社区的家长或志愿者、学校的老师和咨询师可以借助这个游戏帮助孩子们。

首先，大人和儿童站成圆圈，然后按这个队形坐在地上。带领者举起一个球说"这是兔子"。接着，兔子开始在圆圈里手手相传，起初传递的速度较慢，带领着可以鼓励孩子们逐渐加快速度。很快，随着兔子在孩子们的手里快速"奔跑"，他们对接到兔子的期待也越来越高。

这时，一位家长会拿出代表狼先生或狼女士的第二个球，并让它追兔子。随着孩子们代入草原狼的力量和兔子的速度，以及追逐的兴奋感不断升级，传递的速度自然也加快了。对于年龄较大的孩子，可以通过改变传球的方向来增加游戏的复杂度。这个游戏的重点不在于输赢，而在于感受追逐产生的兴奋感，以及团队共同努力快速传球避免被抓到时产生的力量。

接下来，让孩子们休息一下。当他们平静下来时，带领者可以让他们举手说出自己产生的各种身体感受，并对此进行检查。游戏进行一段时间后，让孩子们站起来感受双腿与地面的连接，这样他们就能通过身体释放被激活的能量。对于那些比较虚弱或缺乏能量的孩子，大人可以给予额外的支持。比如，可以让精力不足的孩子假装是小兔子；大人握住他们的手，充满活力和热情地带着他们跳跃，看看他们能跳多高——首先让孩子在有帮助的情况下跳跃，然后再尝试自己跳。

游戏结束后，需要仔细观察孩子们，确保没有人处于僵化或封闭状态。如果孩子的身体僵硬或神情恍惚，大人可以带他做接地练习（grounding exercise），直到他变得更加临在。此外，"推手游戏"——当孩子的双手推开大人的手掌时，大人施加轻微的阻力——也能帮助孩子安定心神和回到当下。

模拟跳绳

这个游戏让孩子们有机会主动接近（而非逃避）能激发活力的东西，并体验成功逃脱的感觉。游戏不需要真实的跳绳，因为它是一场哑剧表演。两名儿童或成人手持虚拟跳绳，其他孩子像玩普通跳绳那样排队等候。起初，跳绳仅在地面附近摆动。如果孩子想要更大的挑战，可以逐渐增加想象的高度。孩子们依次跳过绳子到达安全区域。不使用真实跳绳的原因在于：虚拟的跳绳可以激发孩子的想象力，降低其摔倒的风险。同时，它还象征着一种可控制的威胁正在接近，而这会引发孩子们的下意识动作，并让他们获得成功逃脱的满足感。

注意：家长可与邻居或教师共同开展更多团体活动，如"赋权游戏"（The Empowerment Game）、"午夜狼袭"（The Wolf Comes at Midnight）、"跳房子：过去—现在—未来"（Past-Present-Future Hopscotch）和"降落伞"（Parachute）等[①]。

身体活动的注意事项

进行灾后"辅助性自我调节"（assisted self-regulation）的关键在于，成人活动带领者要保持临在，并具备评估和协助困难儿童的能力。有些孩子难以平静下来（这类孩子不难被发现），另一些孩子则会退缩到角落里，或者抱怨太累、头痛、肚子痛，不愿意再继续游戏。对于这些犹豫、挣扎的孩子，大人需要巧妙地应对他们的特殊需求，这时，额外的帮助就派上用场了。这些团体活动最好由几位成人共同协助开展，以确保每个需要帮助的孩子都能得到照顾。

---

① 详见《孩子眼中的创伤》第十一章和第十二章。

当一些孩子需要额外的帮助才能获得成就感时，带领者可以向整个小组示范如何在学习自我调节的过程中互相支持。例如，在进行感觉"检查"时抱怨疲劳的孩子可以躺下来，把头靠在友善的老师或同学的腿上或肩膀上休息，与此同时，另一位大人可以帮助他探索感到疲劳的部位。如果孩子说"腿累"，可以让腿休息片刻。等他准备好后，大人可以辅助他缓慢地活动双腿，例如，让他模仿最喜爱的动物的动作，包括仰卧、屈膝、双脚平贴垫子等。

对于过度活跃、需要帮助才能平静下来的孩子，大人或情绪更稳定的同伴可以坐在他旁边，帮助他感受地面并放缓呼吸节奏。同伴或大人可以在他进行接地练习时，坚定地将手放在他的肩膀或背部，通过身体接触传递平静感。这样做的主要目的是让个体差异正常化，并教导团体成员如何在建立更深的联结的过程中相互协助。

众志成城：卡特里娜飓风、丽塔飓风与其他自然灾害

2005 年，墨西哥湾沿岸的飓风拆散了无数家庭，学校工作人员首次面临帮助学生应对灾后困境的挑战。2005 年 11 月 16 日，《纽约时报》发表了题为《帮助学生应对卡特里娜飓风肆虐后的世界》（*Helping Students Cope with a Katrina-Tossed World*）的报道。记者艾玛·戴利（Emma Daly）指出，密西西比州格尔夫波特市三河小学（Three Rivers Elementary School）的一些学生不断地找校医，"含含糊糊地抱怨头痛或肚子痛，但很少伴随发热或其他体征"（儿童在经历丧失和

创伤后有时确实会发热），另外一些学生则显得安静而退缩。当然，这些症状在灾难发生后都很常见，但大多数人并未意识到躯体症状与创伤的关联。国际医疗队（the International Medical Corps）的顾问林恩·琼斯（Lynne Jones）博士专门研究受飓风影响的人群，在上述报道中，她强调了症状正常化的重要性，并建议大人可以对孩子这样说："这些反应很正常，经历恐怖、痛苦的事件后，疼痛和恐惧会滞留在你身体的某些部位。"本书提出的预防长期创伤的模型，正是基于"身体会承载创伤的负担"这一核心理念。该模型通过无害化的方式引导儿童觉察并处理身体感受，配合能够促进能量蓄积与释放的"反转游戏"，加上分享感觉和感受，从而帮助孩子重建愉悦感和能力感，取代无助感和绝望感。

在自然灾害和其他大规模伤亡事件中，如恐怖袭击和战争，当地的照料者自身也会受到影响。"大规模灾难会造成一种特殊的沉默——每个人都在照顾其他人。"琼斯博士继续介绍，每个人都失去了某些东西，因此人们倾向于默默地承受痛苦，而不是给邻居增加负担。例如，在泰国，有一位母亲失去一个孩子，她的朋友失去了所有的孩子和房子。这位母亲告诉我们，她觉得自己不应该像朋友一样痛苦，因为朋友失去得更多！但是，损失的程度不一样并不意味着个人的痛苦或创伤会减轻。有些孩子特别懂事，试图不让父母承受任何悲伤，只想让父母看到自己能够应对。为了减轻父母的痛苦，他们经常把自己的痛苦隐藏起来。

因此，团体支持对父母和孩子都至关重要，有助于减少退缩与孤立的行为倾向。邻里们可以参与"守望相助"计划，提前练习相关技能和游戏，这样他们就可以在灾难发生后成立应急准备工作小组，制订相应计划，与孩子们聚在一起互相支持。让我们邻里相助，疗愈彼此！

学校危机干预的新模式

传统的校园危机干预通常旨在澄清误解、对事实达成共识、使创伤反应正常化，并给予儿童讲述创伤经历的机会。有些干预团队甚至要求孩子们讲述自己见到的最糟糕的场景及感受，然后便草草地结束了干预！

孩子们被要求讲述的可怕经历几乎没有得到任何处理（解决）！我们认为，这种缺乏整合的讲述可能会造成二次创伤，尤其对儿童而言。由于儿童（以及许多遭受创伤的成人）往往很顺从，急救人员可能意识不到他们正被推向更深的封闭和解离状态。

体感疗法为学校和社区提供了一种新的危机干预模式。该模式曾成功地应用于 2004 年海啸后的泰国儿童，以及美国卡特里娜和丽塔飓风的幸存者。在新奥尔良、巴顿鲁日和泰国，研究者对接受治疗的人进行了调查，结果表明，无论从短期还是长期来看，该疗法都能带来巨大的益处。很多患者仅接受了 1~2 次体感疗法急救，创伤症状就明显减轻了。

体感疗法在危机干预中的独特优势

体感疗法急救的重点是缓解症状，并帮助患者释放症状背后的"能量"。具体做法是通过让孩子分享内在的身体感觉，帮助其舒缓过度兴奋的神经系统。这与其他方法形成了鲜明对比，后者侧重于收集和传播信息，并要求孩子们描述灾难的细节。相反，我们会请孩子们分享经历灾难事件后产生的难受的反应（而非回忆）。灾难后的常见反应包括：饮食和睡眠障碍、易怒、恍惚、四肢无力、疲劳、麻木、头痛、濒死感、闪回、担忧未来、恐慌以及幸存者愧疚。

为了不造成二次创伤，我们会非常谨慎地避免追问"事件经过"。体感疗法不会要求悲痛、恐惧的儿童讲述"发生的最糟糕的事"，而是通过观察和倾听每个孩子的身体反应来提供支持，帮助他们摆脱休克和痛苦状态。感觉和情绪被分解为微小的单元逐步处理，孩子只会在自发的情况下透露零星的事件片段，而不会被刻意诱发。

下面的案例将展示如何使用体感疗法进行危机干预。在候车时，一群初中生毫无防备地目睹了一起驾车枪击事件。咨询师在当天上午与这个小团体进行了会面，随后又见了几次面。其中，一名男学生和一名女学生的问题仍持续存在，因此被转介过来接受危机咨询。使用体感疗法后，两名青少年的症状均获得了缓解。柯蒂斯的案例生动地呈现了在危机后使用体感疗法的具体细节。

在驾车枪击案后帮柯蒂斯重拾纯真

柯蒂斯是一名初中生，他在公交站目睹了一起驾车枪击事件。由于无法停止回想这件事，他被咨询师转介过来。在学校里，柯蒂斯坐立不安、注意力涣散；在家里，他对弟弟进行了肢体攻击。初次见面时，柯蒂斯告诉我，他想停止这样的行为，"找回原来的自己"。他说自己最大的困扰是：每次脑海中浮现中枪者倒在地上的画面，就会感到愤怒。他上课时也容易分心，并且难以入睡。但最让他感到不安的是那种前所未有的冲动——想伤害别人，不论对象是谁——毫无理由地想要施暴。他自己也不明白为什么会这样。

当我询问出现愤怒的身体部位时，他说："在我的腿和脚上。"我们一起追踪他腿部和脚部的感觉。当我们的注意力在他的下半身停留一两分钟后，柯蒂斯告诉我他的腿想做踢的动作。他还提到他喜欢踢足球，并描述说他感觉自己的腿很有力量（这是一个重要的资源）。在咨询过程中，柯蒂斯觉察到自己希望把行凶者手里的枪踢掉。我让柯蒂斯用他想踢枪的方式去踢足球。他开始用力地踢球。

如果一直让科蒂斯快速而用力地踢球，他可能会被激怒，于是，我温和地给他示范了如何用慢动作完成踢腿的动作。我让他描述在准备踢腿时（这是他的身体想阻止暴力行为的本能反应）臀部、腿部和脚部的感觉，然后请他休息并注意腿部的感觉。每次我们重复这个流程时，他的双腿都会颤抖。当这股被激活的能量释放后，柯蒂斯集中精神，深吸了一口气，全力踢出了足球，同时感受到自己的镇定、力量和信心都回来了。他重新获得了力量感，也没有了想伤害无辜路人的冲动。

经过这次"急救"，柯蒂斯的身体脱离了休克状态，症状也随之烟消云散。几周后，我们对柯蒂斯及其学校咨询师进行了随访，结果表明他的创伤症状没有再出现。科蒂斯感到松了一口气，因为困扰他的莫名的攻击性终于消失了。柯蒂斯表示，自己找回了原本的状态，不仅恢复了力量，更重拾了纯真！这类危机干预工作的重点不在于关注事件本身有多可怕，而在于帮助孩子完成身体未完成的自我保护反应。正是这一点帮助科蒂斯缓解了症状，并实现了创伤的转化。

团体危机干预

如果咨询师接受过追踪身体感觉、神经系统激活 / 失活及感觉运动防御动作等原理的培训，那么，对柯蒂斯使用的体感疗法危机干预同样适用于整个初中生群体。以下建议适用于自然灾害、校园枪击或恐怖袭击等危机事件发生后的全校性创伤急救。家长和教育工作者可以一起合作，通过团体形式帮助在校儿童平复应激状态。当孩子们聚在一起时，通常会有学生主动参与，当这名学生获得支持并且症状有所缓解时，较害羞的学生会受到鼓舞，并请求进行尝试。以下指导原则适用于由 3~12 名学生组成的团体：

（1）尽可能多地邀请家长（或其他照料者）参与。

（2）让学生们围坐成一圈，确保每个人都能看到彼此。让大人直接坐在孩子后面，形成一个同心圆，以便提供支持。

（3）为参与活动的学生准备一个儿童尺寸的健身球很有帮助，但这不是必需的。坐在球上能帮助孩子们更容易地进入状态并描述自己的感觉。这些球非常舒适，孩子们喜欢坐在上面。

（4）为团体讲解创伤反应。向孩子们介绍在最初的休克阶段和休克开始消退时可能会经历什么，以使他们的症状正常化。有些孩子可能会感到麻木，有些孩子可能会反复出现一些难受的画面或想法。你可以向孩子们解释，你将如何运用在本书中学到的知识帮助他们。如此一来，团体将了解什么是内在感觉，以及你将如何帮助他们将困住的感觉、画面和糟糕的想法从身体和头脑中赶走。

（5）不要要求团体成员描述事件经过。相反，你应该向他们说明，你将传授一些有助于减轻症状的技巧，让他们获得一些缓解。

（6）请团体成员分享他们可能出现的创伤症状（难以入睡、进食或集中注意力；做噩梦；感觉"事情并没有真正发生"）。但同时，注意不要过度关注症状，这可能会引发更多的担忧，并强化症状分享者"自己有问题"的感觉。讨论症状只是为了让孩子们明白这些都是正常反应，并帮助（引导）他们恢复平衡状态。

（7）向团体成员解释什么是身体感觉（区别于情绪），让他们集思广益，想出各种描述感觉的词汇。如果方便的话，你可以把这些词汇写下来让他们看到。向团体成员说明他们可能会经历什么：感到颤抖或发抖、想哭、紧张不安、恶心、发热、发冷、麻木；或者产生想逃跑、战斗、消失或躲藏的冲动。要让团体成员知道，这些都是他们从休克状态恢复时可能会出现的感觉。

（8）每次在圈内邀请一位孩子合作，让他感受到团体中的大人和其他学生的支持。邀请他与一位特别的朋友或熟悉的大人进行眼神交流以获得安全感。在活动期间，如果学生需要额外的支持，可以邀请他停下来，联系团体中特别的"伙伴"。

（9）让学生找到坐在椅子或球上的舒适姿势。邀请他感受双脚是如何接触地面的、他坐着的支撑物是如何支撑他的，以及他吸气和呼气的过程。确保他感到安稳、专注和安全。

（10）一旦孩子准备好了，就可以开始追踪身体感觉。首先让他描述能带来舒适或愉悦的感觉。如果在事件发生后他没有任何积极的感受，就让他选择事件发生前他有美好感受的某个时间段，并描述他回忆起这些美好感受时的身体感觉。

（11）孩子可能会主动地描述症状，或者，你可能需要询问他自事件发生以来遇到的困难。然后，让他描述自己的感觉。以下是一些示例问题和评论，你可以作为参考，引导孩子觉察自己的身体感觉：

a. 当你的脑海中浮现"树后的那个人"的画面时（示例），你注意到身体有什么感觉？

b. 当你担心他可能会回来时，你注意到身体有什么感觉？

c. 当你感觉肚子发紧时，还注意到了什么？像什么一样紧？可能是什么样子的？你能指给我看看是哪里感觉紧吗？

d. 当你看着石头……或者用拳头做出石头的形状时……接下来会发生什么？

e. 当你感觉双腿发抖时，你觉得你的腿可能想做什么？

f. 当你的腿想要奔跑时，想象你正在最喜欢的地方奔跑，而你最喜欢、最信赖的人会在目的地等着你。

g. 让孩子想象像他最喜欢的动物那样奔跑。鼓励他在快速移动时感受腿部的力量，感受风吹在脸上的感觉。

（12）关键是要跟随孩子的脚步。帮助他以好奇的态度去探索，当他注意到自己的内在反应时会发生什么。

注意：关于如何从休克状态恢复的情绪急救技术，请参阅第二章。如果有亲人去世，请参阅第七章帮助儿童度过哀伤过程。如果家长、教师和咨询师需要更多活动，请参阅《孩子眼中的创伤》第十一章。

正如本书开篇所言，创伤是生活的一部分。在成长过程中，几乎每个人都会遭遇这只"怪兽"。好消息是：创伤并不会伴随我们一生。通过运用本书提供的这些简单的工具，父母可以激活和强化孩子与生俱来的心理韧性，并确信自己能够培养出充满自信和快乐的孩子。我们可以通过这种方式帮助一个又一个孩子和团体，最终改变世界。感谢各位用心的父母努力学习这些方法。你们的孩子是我们未来的希望。